Jeannine Simon

DIE GAMING-FALLE

Über die Autorin

Dr. Jeannine Simon studierte Kommunikations- und Filmwissenschaften. Sie spezialisierte sich in der empirischen Medienwirkungsforschung und promovierte an der Technischen Universität Berlin mit Auszeichnung. Im Anschluss wechselte sie in die internationale Marketingforschung und leitete ein Unternehmen im Medienbereich. Neben ihrer fortlaufenden unternehmerischen Tätigkeit engagiert sie sich im Beirat einer jungen Onlinemarketing-Agentur. Gaming spielt in ihrem familiären Umfeld eine wichtige Rolle. Es entbrennen regelmäßig beherzte Diskussionen über den Spagat zwischen Realität und virtueller Welt sowie die Licht- und Schattenseiten dieses Hobbys. Mehr Informationen zur Autorin auf jeanninesimon.com.

Jeannine Simon

DIE GAMING-FALLE

Wie digitale Spiele uns um Zeit, Geld und Daten bringen

kopaed

Bibliografische Information der Deutschen Nationalbibliothek
Die Deutsche Nationalbibliothek verzeichnet diese Publikation in der Deutschen Nationalbibliografie; detaillierte bibliografische Daten sind im Internet über http://dnb.de abrufbar

Lektorat: Michael Csorba, Philipp Höffken
Umschlaggestaltung: Saskia Müller
Druckerei: ADverts, Riga (Lettland)

Arnulfstr. 205, 80634 München
Fon: 089.68890098 Fax: 089.6891912
E-Mail: info@kopaed.de
Internet: www.kopaed.de

ISBN 978-3-96848-155-5
eISBN 978-3-96848-755-7

INHALTSVERZEICHNIS

„I sense a soul in search of answers.“
Adria, The Witch
Diablo (Blizzard Entertainment)

KAPITEL 1

WARUM DIESES BUCH?

Digitale Spiele sind schon lange kein Nischenhobby mehr, sondern haben sich zu einer milliardenschweren Industrie entwickelt, die Menschen jeden Alters anspricht. Eine nahezu unendliche Vielfalt an Games bietet einzigartige Erlebnisse im digitalen Raum: Gerade noch im Büro oder vor den Hausaufgaben gebrütet, Minuten später in postapokalyptischen Landschaften den Endgegner jagen, durch fremde Galaxien jetten, seinen eigenen Bauernhof pflegen oder sich in bunten Puzzles, Labyrinthen und Rätseln verlieren, Adrenalin und Dopamin inklusive. Dieser Wechsel zwischen Realität und virtueller Welt zieht global über 3,3 Milliarden Menschen in seinen Bann. Das sind über 40 % der Weltbevölkerung.[1]

Als Kommunikationswissenschaftlerin, Mutter eines spieleinteressierten Teenagers, Lebensgefährtin eines Gamers der ersten Stunde und nicht zuletzt als Mensch mit einer Leidenschaft für Gaming stellte ich mir zunehmend die Frage, was die treibenden Faktoren sind, die – häufig wider besseres Wissen – dazu führen, oft mehr Zeit als geplant und mitunter auch viel Geld in diese Spiele zu stecken. Natürlich sind Spaß, Zeitvertreib und Flucht aus dem Alltag starke Motivatoren, doch ist das alles? Nein! Je mehr ich spielte und je tiefer ich wissenschaftlich in das Thema eintauchte, desto klarer wurde mir, wie sehr sich digitale Spiele im vergangenen Jahrzehnt verändert haben und wie raffiniert Games Publisher sich unsere psychologischen Eigenarten zunutze machen, um Spielerbindung und damit verbunden Zeitinvestment und Zahlungsbereitschaft zu erhöhen. Während viele Spielerinnen und Spieler nur den Spielspaß genießen wollen, hat die Gaming-Industrie längst erkannt, dass die Umsätze mithilfe Künstlicher Intelligenz, psychologischer und verhaltensökonomischer Tricks enorm in die Höhe getrieben werden können.

Gut charakterisieren lässt sich diese Vorgehensweise mit einem Zitat des Abenteurers und Entdeckers John Smith: „The best way to manipulate a man is to make him think he is manipulating you.“[2] Denn viele dieser Strategien arbeiten äußerst subtil. Während Spielerinnen und Spieler dem Eindruck nachhängen, eine gute Lösung für den weiteren Spielverlauf gefunden zu haben, hält schon längst ein anderer die Zügel in der Hand. Einige dieser Strategien richten sich auch an Minderjährige und haben einen geradezu ausbeuterischen Charakter: Verschleierte Preise, unvorhersehbare Zusatzkosten, künstlich erzeugter Handlungsdruck, Schuldzuweisungstaktiken, operante Konditionierung und glücksspielähnliche Mechaniken sind nur einige Beispiele.

Gerade Free-to-Play Games, die ganz oder in Teilen gratis spielbar sind, enthalten neben klassischen Marketingtricks zahlreiche sogenannte Nudges und Dark Patterns, deren Ziel es ist, das Verhalten von Gamern in eine bestimmte Richtung zu lenken oder zu manipulieren und dadurch Umsatz zu generieren. Doch auch im Segment der Vollpreisspiele finden sich mittlerweile vermehrt solche Strategien.

Vor diesem Hintergrund hagelte es aus der Gaming-Community bereits herbe Kritik, teilweise wurden Spiele aufgrund der dort angewandten Mechanismen sogar boykottiert und diverse Games Publisher grenzen sich nachhaltig von der Verwendung solcher Methoden ab. Auch werden seit einigen Jahren immer wieder Forderungen nach einem stärkeren Verbraucher- und Jugendschutz laut. Die Novellierung des Jugendschutzgesetzes im Jahr 2021 markierte einen wichtigen Schritt in diese Richtung. Die Unterhaltungssoftware Selbstkontrolle (USK), deren Hauptaufgabe die Alterskennzeichnung digitaler Spiele in Deutschland ist, erweiterte im Zuge dessen ihre Prüfkriterien.[3] Neben klassischen jugendgefährdenden Inhalten wie Gewalt oder Drogen werden nun auch Merkmale wie Kaufanreize, Chats und Glücksspielsimulationen berücksichtigt.

Trotz dieser Bemühungen erfüllen nicht alle Plattformen und Entwickler die Anforderungen vollständig. Besonders problematisch ist die Alterskennzeichnung vieler Mobile Games. Im Gegensatz zu Spielen auf Datenträgern oder großen Plattformen, die von der USK direkt geprüft werden, basieren die Alterskennzeichnungen bei Mobile Games häufig auf Selbstauskünften der Entwickler. Dies birgt das Risiko, dass Altersangaben manipuliert werden, um höhere Downloadzahlen und mehr Werbepartner zu gewinnen. Zudem nutzen App-Stores die USK-Kennzeichnung nicht einheitlich – etwa integriert Google Play die USK-Angaben, während der Apple App Store andere Altersangaben verwendet. Die täglich wachsende Zahl neuer Spiele verschärft dieses Problem weiter. Oftmals fehlen schlicht und einfach die Ressourcen, um die immense Menge an Games effektiv zu kontrollieren. So bleibt letztendlich jeder selbst verantwortlich für sein Spielverhalten. Eine große Herausforderung – nicht nur für junge Gamer und deren Eltern!

Egal ob du selber spielst, Elternteil, pädagogische Fachkraft oder einfach nur neugieriger Beobachter der faszinierenden Welt des Gamings bist: In diesem Buch erhältst du einen leicht verständlichen Einblick in die Strategien und Mechanismen, die darauf abzielen, ein Hobby zur Sucht und Spiele zu Geldfressern zu machen. Und selbst mit denjenigen Geld zu verdienen, die nicht bereit sind, direkt zu zahlen, denn auch Sozialkapital, Daten und Aufmerksamkeit tragen indirekt zur Umsatzsteigerung bei. Du gewinnst ein tieferes Verständnis deines eigenen Spielverhaltens sowie des Spielverhaltens anderer und kannst auf dieser Basis informierte Entscheidungen treffen oder nützliches Wissen weitergeben. Am Ende der Kapitel 4 bis 10 findest du zudem wertvolle Tipps und praktische Lösungsansätze, die dich dabei unterstützen, ein gesünderes Spielverhalten zu entwickeln oder anderen dabei zu helfen. Da die Gaming-Industrie hoch innovativ ist, kontinuierlich neue Strategien entwickelt und bestehende verändert, erhebt dieses Buch keinen Anspruch auf Vollständigkeit, sondern konzentriert sich auf häufig angewandte Strategien.

Digitale Spiele sind in Deutschland bereits seit 2008 offiziell als Kulturgut anerkannt und das zu Recht. Ich schätze Gaming als Unterhaltungs- und, ja, als Kunstform, und so ist es in keiner Weise Ziel dieses Buches, Gaming allgemein zu verteufeln. Vielmehr soll ein breiteres Publikum für diese spannenden, aber ethisch fragwürdigen Strategien sensibilisiert werden, um Transparenz und Klarheit im Interesse der Gamer zu fördern. Kurz gesagt: Dieses Buch ist ein Beitrag zu mehr Fairplay zwischen Industrie und Spielerschaft.

Viel Spaß beim Lesen
Jeannine

Hinweise

Die einzelnen Kapitel des Buches bauen nur unwesentlich aufeinander auf. Wer etwas Vorwissen zum Thema Gaming mitbringt, kann direkt in die Kapitel oder Abschnitte eintauchen, die besonders interessant erscheinen, oder kreuz und quer lesen.

Zugunsten einer besseren Lesbarkeit verwende ich mehrheitlich das generische Maskulinum, wobei hiermit alle Geschlechtsidentitäten gemeint sind. Die Formulierungsweise beinhaltet keine Wertung. Ferner habe ich – wie in der Gaming-Welt üblich – das Du gewählt, um eine zugänglichere Ansprache zu ermöglichen. Ich hoffe, diese Form macht das Lesen angenehmer.

Wer Fragen zu Gaming-spezifischen Begriffen hat, findet Antworten im Glossar.

Informationen zu den Endnoten, die durch hochgestellte Zahlen im Text gekennzeichnet sind, finden sich im Abschnitt „Anmerkungen und Quellenangaben".

KAPITEL 2

ZAHLEN, DATEN, FAKTEN

VOM NISCHENHOBBY ZUM MILLIARDENMARKT

ERFOLGSFAKTOREN

SMARTPHONE, KONSOLE, PC

DATENTRÄGER VS. DOWNLOADS

GAMES AS A SERVICE

FREE-TO-PLAY VS. PAY-TO-PLAY

KOMPLEXE GÜTER

MARKETINGTRICKS, NUDGES, DARK PATTERNS

VOM NISCHENHOBBY ZUM MILLIARDENMARKT

Mit über drei Milliarden Spielern und einem weltweiten Umsatz von rund 184 Mrd. US-Dollar jährlich belegt die Gaming-Industrie nach dem TV-Sektor mittlerweile Platz 2 der Medienindustrie.[4] Die Corona-Pandemie hat der Branche einen beträchtlichen Aufschwung beschert und obwohl die Wachstumserwartungen in den Folgejahren leicht zurückblieben, scheint der Erfolg unaufhaltbar. Prognosen zufolge wird im Jahr 2026 ein Marktvolumen von 207 Mrd. US-Dollar erreicht.[5] In Deutschland spielen rund 60 % der 6- bis 69-Jährigen digitale Spiele und bescheren der Games-Industrie einen jährlichen Umsatz von etwa 10 Mrd. Euro. Damit ist Deutschland der fünftgrößte Markt für Gaming weltweit.[6]

Kumuliert kommen jedes Jahr mehrere Milliarden Spielstunden zusammen. Das Zeitkontingent, das auf Gaming entfällt, ist entsprechend immens: Allein das Spiel *Fortnite* wurde im Dezember 2023 insgesamt 1,6 Milliarden Stunden über Konsolen gespielt. Diese Zahlen verdeutlichen die enorme wirtschaftliche und gesellschaftliche Bedeutung von Gaming.

ERFOLGSFAKTOREN

Der Erfolg der Gaming-Industrie ist auf mehrere Faktoren zurückzuführen. Ein wesentlicher Grund liegt in der stetig wachsenden Anzahl von Spielern weltweit. Nicht nur junge Menschen entdecken zunehmend die Faszination digitaler Spiele für sich, sondern auch Erwachsene aller Altersgruppen pflegen Gaming als kontinuierliche Freizeitbeschäftigung. Ein Blick auf den Altersdurchschnitt von Gamern in Deutschland, der mittlerweile bei 37,9 Jahren liegt, verdeutlicht diesen Trend.[7] Viele der heutigen Spielerinnen und Spieler haben bereits in den 1980er und 90er Jahren ihre Leidenschaft für digitale Spiele entdeckt und diese bis ins Erwachsenenalter beibehalten.

Hinzu kommen Fortschritte in den Bereichen Digitalisierung, Mobilgerätetechnologie, die Integration Künstlicher Intelligenz und eine Vielfalt innovativer Erlösmodelle, die die Gaming-Branche in den vergangenen Jahren revolutioniert haben. Werfen wir für ein besseres Verständnis einen kurzen Blick auf die Entwicklung des Gaming …

SMARTPHONE, KONSOLE, PC

Während früher PCs und Spielkonsolen die zentralen Geräte waren, auf denen gezockt wurde, regiert mittlerweile ein ganz anderes Medium den Gaming-Markt: unser ständiger Begleiter, das Smartphone. Durch Mobile Gaming auf Smartphones und Tablets sind digitale Spiele für den Mainstream zugänglich geworden. In Deutschland spielen insgesamt 26,5 Mio. Menschen

Mobile Games auf Mobilgeräten –, gefolgt von 18,9 Mio. Konsolen- und 12,9 Mio. PC-Spielern.[8] Diese Zahlen enthalten Mehrfachzählungen, da viele Gamer nicht nur auf einem Gerät spielen.

Das Umsatzvolumen der Mobile Games-Sparte macht weltweit mit 89,9 Mrd. US Dollar 49 % des Gesamtumsatzes der Gaming-Branche aus und ist damit ihr stärkster Zweig – so auch in Deutschland.[9] Zum Vergleich: Dies ist über dreieinhalb Mal mehr als der weltweite Umsatz der gesamten Musikindustrie mit aufgenommener Musik.[10] Im Apple App Store und Google Play Store stehen über 500.000 Mobile Games aus allen denkbaren Genres zum Download bereit.[11] Täglich erscheinen neue Spiele, was diesen Markt sehr wettbewerbsintensiv macht.

Doch Mobile Games spalten Spielbegeisterte in zwei Lager. Während PC- und Konsolen-Gamer bekannt sind für ihre Präferenz grafisch hochentwickelter Designs, komplexer Steuerungen und immersiver Spielerlebnisse, bei denen man vollständig in die virtuelle Welt eintaucht, befriedigen Mobile Games mit ihren extrem niedrigen Eintrittsbarrieren ganz andere Bedürfnisse, nämlich den Wunsch nach jederzeitiger Zugänglichkeit und einer einfachen Steuerung über Touchscreen – ideal geeignet zum Zeitvertreib für Zwischendurch.

DATENTRÄGER VS. DOWNLOADS

Ein weiterer wichtiger Aspekt der modernen Gaming-Industrie ist der Vertriebsweg der Spiele. Digitale Downloads sind mittlerweile der primäre Weg, wie Spiele bezogen werden. Dies gilt naturgemäß für Mobile Games, aber auch für Konsolen- und PC-Spiele. Heruntergeladen wird über diverse App Stores und Plattformen, die zum Teil umfassende Spielebibliotheken anbieten. In diesem Zusammenhang spricht man auch von der „Netflixication der Games-Industrie“ – insbesondere im Hinblick auf Abonnementdienste wie PlayStation Plus, die gegen eine monatliche Gebühr Zugang zu einer großen Auswahl an Spielen liefern.[12]

Der Anteil an Datenträgerverkäufen liegt im gesamten Markt bei nur noch 0,5 %. Und selbst diese physischen Datenträger markieren heutzutage meist einen Einstieg zu einem breiteren Spektrum digitaler Angebote der Publisher.[13] Diese Verschiebung geht allerdings weit über einen bloßen Vertriebsweg hinaus: Viele Spiele erfordern eine ständige Internetverbindung, was Publishern sowohl im Hinblick auf das Spieldesign als auch auf die Art und Weise, wie mit Games Geld verdient wird, ganz neue Möglichkeiten eröffnet hat.

GAMES AS A SERVICE

Früher ging man in einen Laden, legte einen festen Geldbetrag auf die Ladentheke und lief voller Vorfreude mit einem Spiel auf einem Datenträger nach Hause. Mit diesem Kauf war das Geschäft zwischen Kunde und Hersteller vollzogen. Produkt und Preis waren zwei feste Größen. Davon sind wir heute weit entfernt. Die Anzahl an „fertigen“ Spielen, für die wie früher nur ein einziges Mal gezahlt wurde, ist rückläufig.[14] Durch die Online-Verbindung hängen Spieler an der Nabelschnur der Publisher und können kontinuierlich mit neuen Inhalten versorgt werden. Größtenteils hat sich das, was sich bislang auf einen einzelnen Produktverkauf beschränkte, zu einem Konzept gewandelt, welches darauf abzielt, langfristig immer wieder Einnahmen mit demselben Spiel zu erzielen. Diese Strategie wird als „Games as a Service“ (GaaS) bezeichnet und ist mittlerweile die Haupteinnahmequelle der Gaming-Branche.[15] Die Idee dahinter ist simpel. Spiele sind keine fertigen Produkte mehr, sondern „lebende“ Systeme, die aktualisiert, verändert und erweitert werden. Gelingt es Publishern, Spieler durch diese Strategie motiviert zu halten und länger an ein Spiel zu binden, so besteht die Chance, sie „in-game“ immer wieder zu Käufen zu animieren und nicht wie früher nur einmal mit einem einzigen Verkauf.

Diese Entwicklung, die ursprünglich im Umfeld von Massively Multiplayer Online Games wie dem Klassiker *World of Warcraft* mit monatlichen Abonnements begann, umfasst heute wesentlich mehr. So beispielsweise Season und Battle Passes, durch die man in Spielen für einen gewissen Zeitraum einen Mehrwert erlangt. Hinzu kommen In-Game-Käufe, die mittlerweile den ertragreichsten Zweig der Branche bilden.[16] Hierunter versteht man den Erwerb von Spielwährung, virtuellen Gegenständen, kosmetischen Anpassungen und vielem mehr innerhalb eines Games mit echtem Geld. Gaming-Giganten wie Tencent, Electronic Arts und Activision Blizzard erwirtschaften mit diesen Angeboten Milliardengewinne.[17] So steigerte beispielsweise Electronic Arts den Börsenwert in nur sechs Jahren nach Einführung von GaaS-Inhalten um mehr als das Achtfache, von 4 auf 33 Mrd. US-Dollar.[18] In Deutschland wird mit In-Game-Käufen jährlich fast die Hälfte des gesamten Umsatzes der Gaming-Industrie erzielt.[19]

FREE-TO-PLAY VS. PAY-TO-PLAY

Die oben beschriebenen Strategien sind mittlerweile sowohl bei Free-to-Play-Games zu finden als auch bei Pay-to-Play-Games, bei denen dem Spielen ein Bezahlvorgang vorausgeht.[20] Das gilt beispielsweise, wenn Basisversionen gekauft werden müssen, anschließend aber weitere Zahlungen fällig werden, um längerfristigen Spielspaß zu sichern. Ein prominentes Beispiel hierfür ist die Fußball-Serie *EA Sports FC*. Free-to-Play-Games hingegen können kostenlos heruntergeladen und gespielt werden. Sie generieren Umsätze durch optionale In-Game-Käufe sowie – je nach Umsatzmodell – indirekt durch Sozialkapital, Daten, Zeit und Aufmerksamkeit ihrer Spieler. Weit mehr als die Hälfte der Mobile Games sind Free-to-Play, und die Tendenz ist steigend. Bekannte Vertreter dieser Kategorie sind *Free Fire*, *PUBG Mobile*, *Candy Crush Saga* und *Pokémon Go* – jeweils mit Downloads in Milliardenhöhe.[21] Auch *Fortnite* ist ein klassisches Free-to-Play-Game, das jedoch auf PC und Konsole gespielt wird. Im August 2024 zählte *Fortnite* über 222 Millionen aktive Spieler, die Anzahl der registrierten Nutzer beläuft sich auf ca. 450 Millionen.[22]

KOMPLEXE GÜTER

Die Produktion digitaler Spiele gilt als der anspruchsvollste Prozess in der gesamten Entertainment-Branche. Hinter jedem Pixel verbirgt sich ein aufwändiger Vorgang, der beträchtliche Summen verschlingt. Digitale Spiele werden immer eindrucksvoller, komplexer und je nach Genre grafisch realistischer. Dies gilt vor allem für Titel aus dem PC- und Konsolenbereich, an deren Spitze sogenannte Triple-A-Spiele stehen, die die höchsten Qualitätsstandards und größten Produktionsbudgets aufweisen. Beispiele sind die Gangster-Reihe *Grand Theft Auto* (GTA), *God of War*, *Destiny* und *EA Sports FC*.[23] Mit der Produktion ist oft jahrelange Arbeit verbunden, die ein interdisziplinäres Team aus hochqualifizierten Fachleuten wie Game Designern und Entwicklern, 3D-Animatoren, Künstlern, Autoren, User Experience (UX) Designern, Sound Designern, Programmierern, Produzenten und vielen mehr umfasst.[24] Psychologische, physikalische, mathematische, wirtschaftswissenschaftliche Kenntnisse müssen vorhanden sein, um ein Spiel erfolgreich konzipieren und steuern zu können. Hinzu kommen aufwändige Marketing- und Managementprozesse.

Der hohe Aufwand spiegelt sich zwangsläufig in den Produktionskosten, die mit den Jahren stetig gestiegen sind und nicht selten Beträge im dreistelligen Millionen-Bereich verschlingen. Die Entwicklungskosten von *GTA 6*, welches als teuerstes Spiel aller Zeiten gilt, werden auf 2 Mrd. US-Dollar geschätzt. Der Vorgänger *GTA 5* – produziert für „nur" 500.000 US-Dollar und veröffentlicht in 2014 – spielte bereits in den ersten drei Tagen 3 Mrd. Dollar ein. Mittlerweile beläuft sich der Gesamtumsatz dieses Spiels auf über 7,7 Milliarden.[25] Da kann man schon mal ordentlich in den Nachfolger investieren! Zum Vergleich: Der erfolgreichste Film aller Zeiten *Avatar – Aufbruch nach Pandora* erzielte in den Jahren 2009 bis 2024 ein Einspielergebnis von „nur" 2,9 Mrd. US-Dollar.[26]

Über die Produktionskosten von Mobile Games ist verhältnismäßig wenig bekannt. Es gibt sehr viele simpel gehaltene Mobile Games, allerdings geht auch hier der Trend aufwärts. Durch immer größer werdende Displays und leistungsfähigere Prozessoren sind auf mobilen Endgeräten mittlerweile grafisch und technisch anspruchsvollere Spielerlebnisse möglich.

In Anbetracht des enormen Aufwands und der erheblichen finanziellen Investitionen ist gut nachvollziehbar, dass Erfolgs- und Umsatzdruck hoch sein können und darauf abgezielt wird, nicht nur die entstandenen Kosten zu decken, sondern Gewinne zu erwirtschaften. Doch genau das scheint – insbesondere im Bereich der Mobile Games – außer Kontrolle geraten zu sein …

MARKETINGTRICKS, NUDGES, DARK PATTERNS

Getrieben von teilweise enormen Entwicklungskosten sowie den verlockenden Chancen zur Umsatzsteigerung, die durch neue Technologien und innovative Strategien möglich geworden sind, zeigt sich in vielen Spielen ein bedenklicher Trend. Während früher der Schwerpunkt auf dem Design guter Spielerfahrungen lag, scheinen heutzutage das Bezahlverhalten der Spieler und je nach Monetarisierungsmodell ihre wertvollen Ressourcen Daten, Zeit, Sozialkapital und Aufmerksamkeit in den Mittelpunkt gerückt zu sein. Das alles sind Zahlungsmittel, die direkt oder indirekt zum Gewinn beitragen.

Neu ist diese Beobachtung nicht. Einen ersten großen Aufschrei erzeugte diese Entwicklung bereits 2016 durch einen Vortrag mit dem Titel „Let's go Whaling", den Torulf Jernström, CEO des schwedischen Mobile Game-Entwicklers Tribeflame, auf einer Messe vor anderen Mobile Games Publishern hielt.[27] Der Ausdruck „Let's go Whaling" bezieht sich auf die gezielte Ansprache und Ausbeutung sogenannter Whales – derjenigen, die beträchtliche Geldbeträge in Games stecken. Jernström empfahl unter anderem die Nutzung von Suchtmechanismen, erläuterte Strategien zur stärkeren emotionalen Bindung von Gamern an ein Spiel und skizzierte diverse psychologische Einflussfaktoren wie das absichtliche Auslösen von Verlustängsten, mit Hilfe derer Gamer zu höheren Geldausgaben bewegt werden sollten. Aufgrund der als unethisch betrachteten Vorschläge zog der Vortrag massive Kritik nach sich. Wie stellt sich die Situation mittlerweile dar?

Auch wenn in der breiten Öffentlichkeit, der Wissenschaft, unter Gamern und sogar Publishern – allen voran hier den unabhängigen Studios (Indies) – immer wieder kontrovers diskutiert und moralische Bedenken geäußert werden, sind die damals von Jernström skizzierten Vorschläge in vielen Spielen zum Standard geworden. Teilweise gehen sie sogar darüber hinaus. Viele Games machen sich unsere psychologischen Eigenarten und Bedürfnisse geschickt zunutze. Sie integrieren einen Mix aus traditionellen Marketingtricks, subtilen Lenkimpulsen, sogenannten „Nudges"[28], sowie manipulativen Techniken, bekannt als „Dark Patterns", die Menschen dazu verleiten können, Dinge zu tun, die nicht unbedingt in ihrem besten Interesse sind.[29] Im Rahmen einer britischen Studie gab ein Game Designer an, dass Dark Patterns beispielsweise eingesetzt werden, indem gezielt Frustrationsmomente produziert werden. Es wird Stress erzeugt, um den Spieler dazu zu bringen, das unangenehme Gefühl mildern zu wollen. Die häufigste Lösung: Länger spielen und/oder ein In-Game-Kauf! Hierdurch steigt die Wahrscheinlichkeit, dass jemand Geld ausgibt oder mehr Zeit im Spiel verbringt als ursprünglich geplant.[30] Dark Patterns bewegen sich oft in einer rechtlichen Grauzone und können je nach Gesetzgebung im Interesse des Konsumentenschutzes verboten sein. Der im Frühjahr 2024 auf europäischer Ebene in Kraft getretene Digital Services Act (DSA), der Nutzer in der digitalen Landschaft stärker schützen soll, adressiert dieses Problem, indem er die Verwendung manipulativer Designelemente, wie Dark Patterns, untersagt. Dennoch ist ihre Existenz unbestreitbar.

Die Industrie betont zwar, dass In-Game-Käufe und Zeitinvestment optional sind und viele Spiele auch ohne zusätzliche Zahlungen Spaß bieten, doch Marketingtricks, Nudges und Dark Patterns bilden ein eng verwobenes Netz, in welchem die Grenzen zwischen Freiwilligkeit, Lenkung und Manipulation oft verschwimmen. Die Übergänge zwischen angemessenen Umsatzzielen und Gier lösen sich teilweise auf und manche Publisher scheinen eher interessiert, gamifizierte Geldfresser statt guter Unterhaltung produzieren zu wollen – geschweige denn ethische Geschäftspraktiken zu verfolgen. Gamer stellt dies vor ungewollte Herausforderungen, sie erleben Handlungsdruck, Gefühle des Kontrollverlusts, des Kaufzwangs, der Ausbeutung und viel Frust. Umso entscheidender ist es, ein Bewusstsein für diese Mechanismen hinter dem Spiel(spaß) zu entwickeln.

In den kommenden Kapiteln erläutere ich dir die zentralen Strategien, die in vielen Spielen Anwendung finden. So kannst du Spiele auf das Vorhandensein dieser Mechanismen überprüfen und bewusst entscheiden: Mache ich hier mit oder nicht? Doch zunächst werfen wir einen Blick darauf, warum digitale Spiele eine so starke Anziehungskraft auf uns ausüben – unabhängig von manipulativen Mechanismen, die diese natürliche Faszination manchmal ausnutzen.

KAPITEL 3

FASZINATION GAMING: PSYCHOLOGISCHE GRUNDLAGEN

Spiele ziehen uns magisch an! Ob Olympiade, Brettspiele, Würfelspiele, die pixeligen Videospiele von gestern oder die hochauflösenden digitalen Abenteuer von heute – so unterschiedlich Spiele auch sein können, eins verbindet sie alle: Spielen ist eine universelle Beschäftigung, die Menschen über Kulturen und Generationen hinweg fasziniert. Spiele bieten nicht nur Spaß und Unterhaltung, sondern erfüllen eine Vielzahl von Funktionen. Sie ermöglichen uns, dem Alltag zu entfliehen, fördern soziale Interaktion, bieten Wettkampf- und Selbsterprobungsmöglichkeiten, regen unsere Fantasie an und sind oftmals unbewusst ein Feld für zahlreiche Lernprozesse.

Doch was genau steckt hinter der faszinierenden Anziehungskraft von Spielen? Und was macht gerade digitale Spiele so unwiderstehlich, dass wir ihnen teilweise sogar über Jahre die Treue halten? Nicht nur unser angeborener Spieltrieb, sondern eine Vielzahl menschlicher Eigenschaften und tief verwurzelte Instinkte machen uns für Spiele so empfänglich. Game Designer verstehen diese psychologischen Mechanismen und nutzen sie, um fesselnde Erlebnisse zu kreieren. In der heutigen digitalen Ära hat dies besondere Bedeutung, da moderne Technologien und personalisierte Ansätze diese Effekte verstärken können.

In diesem Kapitel werfen wir einen Blick auf einige grundlegende psychologische Prinzipien, die uns für digitale Spiele besonders empfänglich machen. Dieses Wissen bildet die Basis für das Verständnis der vielen psychologischen Tricks und Wirkungen, die wir in den späteren Kapiteln betrachten. Da die Psychologie der Spiele ein sehr umfangreiches und komplexes Feld ist, das ein eigenes Buch füllen könnte, beschränken wir uns in diesem Kapitel auf ausgewählte Aspekte, die uns einen ersten Einblick ermöglichen.

SUPERNORMALE REIZE

Wir beginnen vor Jahrtausenden, tief in unserer Psyche – nämlich in der Evolutionsgeschichte der Menschheit, bei unseren Urinstinkten. Wofür wurden wir geschaffen, wie leben wir heute und welchen Einfluss hat das auf uns? Diese großen Fragen projizieren wir auf den Bereich des Gamings und werfen einen Blick auf das Konzept der „Supernormalen Reize“.

Unsere Verhaltensweisen werden stark von angeborenen Instinkten und Trieben geprägt, die in urzeitlichen Lebensumgebungen entstanden sind. Unser Überlebensinstinkt motiviert uns, für Nahrung, Wasser und Schutz zu sorgen, während unser Selbsterhaltungstrieb uns dazu bewegt, in gefährlichen Situationen zu kämpfen oder zu fliehen. Der Drang nach sozialer Bindung integriert uns in Gemeinschaften und unsere angeborene Neugier hält uns dazu an, immer wieder Neues zu entdecken. In modernen Gesellschaften begegnen uns viele künstliche Reize, sogenannte „Supernormale Stimuli“, die diese tief verankerten Instinkte und Triebe verrücktspielen lassen. Denn diese künstlichen Reize gehen mit ihren Merkmalen weit über das Maß natürlich vorkommender Reize hinaus und erzielen dadurch oft stärkere Reaktionen. Ein anschauliches Beispiel hierfür liefert ein Experiment des niederländischen Verhaltensforschers Nicolaas Tinbergen. Er platzierte große, intensiver gefärbte künstliche Eier in der Nähe von Vogelnestern. Die Vögel begannen, diese Eiattrappen auszubrüten statt ihre kleineren „Originale“. Der übertriebene Reiz sprach also den angeborenen Brutinstinkt stärker an als sein natürliches Vorbild.[31] Nicht nur Tiere, sondern auch wir Menschen können solchen Reizen erliegen. Die Harvard-Professorin Deirdre Barrett übertrug dieses Phänomen später auf menschliche Verhaltensweisen und verdeutlichte, warum wir Schwierigkeiten haben können, manchen Dingen zu widerstehen – auch wenn diese uns nicht unbedingt guttun.[32]

Moderne supernormale Reize begegnen uns in ganz unterschiedlichen Formen – von Junkfood bis hin zu Silikonbrüsten – und durchdringen auch unsere medialen Erfahrungen. Soziale Netzwerke, Pornographie und fesselnde Filme üben eine geradezu magnetische Anziehungskraft auf viele Menschen aus. Präsentiert man uns beispielsweise einen epischen Kampf zwischen Darth Vader und seinem Sohn Luke Skywalker, so werden viele Menschen gebannt zuschauen, weil unsere urtümlichen Instinkte uns förmlich dazu drängen, diese Szene zu beobachten.[33]

Mit Blick auf den herausragenden Erfolg der Gaming-Branche fällt unserer Evolutionsgeschichte in dieser Hinsicht eine größere Bedeutung zu als gemeinhin angenommen wird. Denn digitale Spiele strotzen geradezu vor supernormalen Reizen. Sie aktivieren unsere Instinkte, indem sie unsere natürliche Neigung zu sozialer Interaktion, Jagd, Kampf, Sammlung und Entdeckung ansprechen. Wir kämpfen in epischen Schlachten, entdecken neue Welten, bauen ganze Zivilisationen auf und sammeln rare Güter. Was in unserer realen Umgebung oft nur schwer zu erlangen ist oder erhebliche Gefahren birgt, gibt es hier im Überfluss: Action und Belohnung. Spiele übertreiben diese Reize, anstatt sich auf bloße Nachahmungen zu beschränken und schaffen damit Räume, die für uns ansprechender sind als ihre natürlichen Pendants.

Positiv betrachtet bieten Spiele eine Plattform, um Verhaltensweisen auszuleben, die in unserer Natur liegen, aber in der modernen Welt keinen Raum mehr finden. Während diese Instinkte für unsere Vorfahren überlebenswichtig waren, nutzen wir sie im Gaming einzig und allein für unser persönliches Entertainment. Diese künstliche Anziehungskraft kann dazu führen, dass wir den virtuellen Universen viel Zeit schenken – möglicherweise sogar über die

Grenzen des Gesunden hinaus, denn evolutionär sind wir auf den Umgang mit solchen übersteigerten Reizen nicht vorbereitet. Und so entfalten supernormale Reize einen fast magischen Sog. Was für Vögel übergroße Eier sind, können für uns digitale Spiele sein.

INTRINSISCHE MOTIVATION: DREI GRÜNDE, WARUM WIR GERNE ZOCKEN

Wenn man Gamer fragt, warum Gaming Spaß macht, erhält man eine ganze Menge unterschiedlicher Antworten. Wirft man allerdings einen wissenschaftlichen Blick darauf, warum wir gewisse Dinge gerne tun, sticht ein zentraler Aspekt hervor: die Bedeutung der „intrinsischen Motivation".

Die Psychologen Edward L. Deci und Richard M. Ryan erklären mit ihrer vielfach belegten Selbstbestimmungstheorie, warum wir Dinge aus eigenem Antrieb, also aus intrinsischer Motivation, tun. Wir machen sie ohne äußere Anreize, einfach weil sie uns Freude bereiten. Ihre Forschung zeigt, dass unsere innere Motivation besonders stark ist, wenn eine Tätigkeit drei psychologische Grundbedürfnisse erfüllt: Autonomie, Kompetenz und Zugehörigkeit. Und – hah! – Überraschung: Digitale Spiele gehen in besonderem Maße auf diese Bedürfnisse ein.[34]

In Spielen haben wir die Freiheit, eigene Entscheidungen zu treffen und individuelle Strategien zu entwickeln. Besonders in Open-World-Games wie *The Legend of Zelda: Breath of the Wild* oder *Minecraft* können wir ganze virtuelle Welten nach eigenem Belieben erkunden und in letzterem sogar selbst erschaffen. Diese Autonomie bedient das grundlegende Bedürfnis nach Selbstbestimmung.

Spiele fordern uns heraus und ermöglichen es uns, unsere Fähigkeiten unter Beweis zu stellen. Sie liefern oft sofortiges Feedback, wodurch die Ergebnisse unserer Anstrengungen direkt sichtbar werden. Ein gut angepasstes Schwierigkeitsniveau verstärkt dabei das Gefühl der Kompetenz, das entsteht, wenn wir eine Herausforderung erfolgreich bewältigen. Auf diese Weise werden Spiele zu einem Feld, auf dem wir unsere Kompetenzen ausleben und bestätigen können.

Nicht zuletzt spielt das Zugehörigkeitsgefühl eine wichtige Rolle. Multiplayer-Spiele wie *Fortnite* ermöglichen soziale Interaktionen und Verbindungen zu anderen Spielern. Doch nicht nur echte Menschen, sondern auch gut gestaltete NPCs (Non-Playable Characters) können durch parasoziale Interaktionen ein Gefühl der Zugehörigkeit auslösen. Später werfen wir im Zusammenhang mit Gaming-Influencern einen genaueren Blick auf dieses Phänomen.

All diese Elemente sind Grundsteine moderner Games. Spieler agieren selbstbestimmt, beweisen ihre Fähigkeiten und fühlen sich sozial eingebunden. Zahlreiche Studien legen nahe, dass Spiele, die alle drei Bedürfnisse bedienen, eine besonders bereichernde Spielerfahrung bieten.[35] Indem Spiele diese Bedürfnisse erfüllen, fördern sie ein tiefes Engagement aus eigenem Antrieb heraus und machen Spaß. So wird deutlich, warum Gaming für viele mehr als nur ein Zeitvertreib ist – nämlich eine Erfahrung, die zentrale Bedürfnisse bedient.

EXTRINSISCHE MOTIVATION: DIE PSYCHOLOGIE DER BELOHNUNGEN

Belohnungen sind im Alltag nicht nur Bestätigung für gute Leistung, sondern auch ein Anreiz, Verhaltensweisen zu wiederholen oder sich zu verbessern. Wenn wir etwas tun, um eine Belohnung zu erhalten, spricht man von „extrinsischer Motivation". Diese spielt nicht nur im täglichen Leben eine große Rolle, sondern bildet auch einen zentralen Bestandteil des Spielerlebnisses in digitalen Spielen.

Games stellen uns vor vielfältige Herausforderungen. Wir lösen komplexe Rätsel, besiegen Gegner, beweisen Geschicklichkeit oder strategisches Gespür. Neben der intrinsischen Motivation, also dem Spaß an der Sache selbst, sind Belohnungen ein entscheidender Anreiz, sich diesen Herausforderungen immer wieder zu stellen. Gut durchdachte Belohnungssysteme prägen daher das Spielerlebnis und den Erfolg eines Spiels maßgeblich.[36] Sie steigern nicht nur den Spaßfaktor, sondern beeinflussen auch neurobiologische Prozesse und können das Verhalten der Spieler nachhaltig verändern. In digitalen Spielen werden diese ausgeklügelten Belohnungssysteme zu wahren Meisterwerken, die nicht nur motivieren, sondern auch die Bindung ans Spiel verstärken können.

Unser Gehirn auf Dopamin

Um besser zu verstehen, welche Wirkung Belohnungen auf uns haben, lohnt sich ein Blick darauf, was in unserem Gehirn vor sich geht. Wenn Menschen eine Belohnung erwarten oder kurz davorstehen, ein Ziel zu erreichen, wird im Belohnungssystem des Gehirns, genauer gesagt im Nucleus accumbens, Dopamin freigesetzt. Dopamin ist ein Botenstoff, der Signale zwischen Nervenzellen überträgt und positive Gefühle wie Anspannung, Vorfreude oder Vergnügen auslöst.[37] Die Intensität dieser Gefühle hängt von der vorangegangenen Anstrengung ab und kann als kleineres oder größeres emotionales High empfunden werden. Doch Dopamin kann mehr als nur Glücksgefühle auslösen; es beeinflusst längerfristig neuronale Aktivitäten, die unsere Motivation, Aufmerksamkeit und Stimmung prägen.

Auch beim Verlangen nach etwas spielt Dopamin eine zentrale Rolle. Wird ein belohntes Verhalten häufiger wiederholt, verstärken sich die Verbindungen zwischen den beteiligten Nervenzellen im Gehirn. Das Gehirn lernt: Spezifisches

Verhalten – Aussicht auf Belohnung – gutes Gefühl! Das Verlangen nach diesem Belohnungsgefühl kann dann zu einem Faktor werden, der zur Wiederholung des Verhaltens führt. Verantwortlich für die Regulierung dieses Verhaltens ist der präfrontale Kortex, zu dessen Funktionen die Impulskontrolle, Emotionsregulation und das planende Verhalten zählen.[38] Während Dopamin uns immer weiter motiviert und zu impulsiven Handlungen antreibt, fungiert der präfrontale Kortex als die vernünftige Instanz, die versucht, uns ein gut gemeintes „Stopp!" zuzurufen. Da diese Hirnregion erst mit Mitte 20 voll ausgereift ist, fällt es jungen Menschen oft schwerer, bestimmten Aktivitäten zu widerstehen. Manche junge Gehirne agieren regelrecht wie Autos mit durchgedrücktem Gaspedal und defekter Bremse.[39] Auch für Erwachsene mit einer schwachen Impulskontrolle kann die Dopaminausschüttung durch belohntes Verhalten zum Problem werden und die Entstehung einer Sucht begünstigen.

Ein weiterer Aspekt ist die Veränderung der Toleranz gegenüber Dopamin. Mit der Zeit gewöhnt sich das Gehirn an die regelmäßigen Dopaminschübe, wodurch die empfundenen guten Gefühle nachlassen können. Dies führt dazu, dass man immer intensivere oder häufigere Reize benötigt, um das gleiche Gefühl zu erleben. Dieser Mechanismus kann dazu beitragen, dass das Verlangen nach Belohnung immer stärker wird und das Verhalten entsprechend angepasst wird.

Auch digitale Spiele aktivieren das Belohnungszentrum des Gehirns – das gilt generell für alle Spiele, die als belohnend wahrgenommen werden, ganz besonders jedoch für stark action- und wettbewerbsorientierte Spiele, bei denen die Dopaminausschüttung kurzfristig ein ähnlich hohes Niveau wie bei der Einnahme psychoaktiver Substanzen erreichen kann.[40]

Belohnungen sind im Gaming also ein mächtiges Werkzeug, das auf neurobiologische Mechanismen und grundlegende menschliche Bedürfnisse einwirkt. Durch clevere, in manchen Fällen sogar absichtlich süchtig machende Belohnungsmechanismen werden Spiele designt, die unser Dopamin zum Fließen bringen und damit die Motivation sowie die Bindung der Spieler signifikant steigern können. Wie werden Belohnungen in digitale Spiele integriert?

Instant Gratification – Sofortige Belohnungen

Menschen zeigen von Natur aus die Tendenz, ihre Wünsche und Bedürfnisse möglichst sofort befriedigen zu wollen. Daher sind wir empfänglich für Systeme, die uns schnelle Belohnungen bieten. In der Psychologie wird hierfür der Begriff „Instant Gratification" verwendet. Was in der Realität oft mit zeitintensiven Anstrengungen einhergeht – beispielsweise, wenn ein Fußballspiel bestritten oder für eine gute Schulnote gelernt wird, liefern uns viele Games am laufenden

Band, nämlich sofortige Belohnungen, positives Feedback und damit gute Gefühle!

Viele kleine Belohnungen, die selbst für die winzigsten Handlungen – manchmal sogar für einzelne Spielzüge – vergeben werden, bescheren dem Spieler kontinuierlich kleine Erfolgserlebnisse und halten bei Laune. Dazu gehört beispielsweise „Loot“ wie Münzen, Kräuter für Heiltränke oder Waffen, die man in vielen Spielen einfach aufsammeln kann, während man sich durch die virtuelle Welt bewegt. Ganze Genres wie beispielsweise Hack and Slay-Games oder Loot-Shooter sind um diese Mechanismen gestrickt. Auch visuelle und auditive Signale, die dem Spieler in Games wie *Candy Crush Saga* ständig positives Feedback melden, sichern sofortige Belohnung: „Sweet! Divine! Well done!“. Die vielen kleinen Verstärker sorgen dafür, dass Spiele eher mit Gewinnen als Verlusten assoziiert werden, selbst, wenn man eine Spielrunde nicht erfolgreich abschließt. Kurze Spielrunden, wie sie in vielen Mobile Games zu finden sind, liefern schnelle Ergebnisse und bedienen das menschliche Bedürfnis nach sofortiger Befriedigung.

Schnelle Belohnungen und der damit einhergehende Dopamin-Kick können ein Grund sein, warum Gaming letztendlich anderen, aufwändigeren Aktivitäten vorgezogen wird.

Operante Konditionierung und Belohnungspläne

Allerdings sind die Belohnungsmechanismen in Games wesentlich raffinierter als nur „schnell“. Moderne Spiele kombinieren verschiedene Belohnungsebenen, die nicht nur kurzfristig motivieren, sondern auch langfristig binden. Von regelmäßigen kleinen Boni und schwer zu erlangenden Belohnungen, die langfristige Ziele markieren, bis hin zu unvorhersehbaren Belohnungen, bedienen sich Spiele gezielt der Prinzipien des Operanten Konditionierens nach B. F. Skinner und setzen altgediente Forschungserkenntnisse in die Praxis um.

Nach der Theorie des Operanten Konditionierens wird belohntes Verhalten häufiger und bestraftes Verhalten seltener gezeigt.[41] Reize können also gezielt eingesetzt werden, um Verhalten zu beeinflussen. Natürlich ist dies komplexer, als es hier zunächst klingt, da Faktoren wie die genetische Veranlagung und unterschiedliche Persönlichkeitsmerkmale eines Menschen einen Einfluss darauf haben, wie empfänglich jemand für solche Systeme ist. Doch evolutionär betrachtet sprechen wir auf solche Konditionierungsmechanismen an und sind auch weiterhin empfänglich dafür. In Games wird genau das genutzt, indem erwünschtes Verhalten belohnt und unerwünschtes Verhalten sanktioniert wird.

Aus der Forschung wissen wir, dass Belohnungen unterschiedlich wirken, je nachdem, wie sie verteilt werden. Regelmäßige Belohnungen führen schnell zu Lernerfolgen, während unregelmäßige Belohnungen langsamer wirken, aber das Verhalten stärker verankern und man es sich später schlechter abgewöhnen kann. Möchte man jemanden also dazu bringen, ein Verhalten möglichst oft zu wiederholen, sind unregelmäßige Belohnungen besonders wirksam. Die Unsicherheit, ob eine Belohnung kommt, steigert das Verlangen und die Motivation stärker als eine sichere Belohnung.[42] Das wohl bekannteste Beispiel, das dieses Prinzip nutzt, ist Glücksspiel. Im Gaming existieren analog hierzu Glücksspielsimulationen. Ihnen widmen wir uns ausführlich in Kapitel 8.

Intensive Spielerbindung – und auch problematisches Spielverhalten – können vor allem durch Belohnungssysteme entstehen, die mit regelmäßigen Belohnungen starten und dann zu unregelmäßigen Belohnungen wechseln.[43] So beispielsweise, wenn Anfängerglück zunächst künstlich hergestellt wird und Belohnungen ab einem gewissen Zeitpunkt nur noch sporadisch ausgegeben werden – eine Abfolge, die im Gaming praktiziert wird. Diese Mechanismen sind gerade für Menschen mit Suchtveranlagung sehr problematisch.

Vielfältige Belohnungsarten

Ein weiterer entscheidender Faktor ist die Vielfalt der Belohnungen. In vielen Spielen existieren nicht nur Ranglistenplätze, sondern eine breite Palette ganz unterschiedlicher Belohnungen in Form von virtuellen Münzen, speziellen Gegenständen bis hin zu besonderen Fähigkeiten. Und auch dies hat eine Wirkung! Je mehr verschiedene Belohnungen es gibt, desto motivierter sind wir, weiterzuspielen ... Insbesondere, wenn diese unregelmäßig erfolgen, wie wir gesehen haben. Es finden sich sogar Hinweise darauf, dass eine hohe Anzahl verschiedener Belohnungen die Entstehung von Spielsucht fördern kann.[44]

Ein Beispiel für diese vielfältigen und unvorhersehbaren Belohnungen sind die sogenannten Lootboxen. Sie zählen zu den Glücksspielsimulationen im Gaming. Diese virtuellen Kisten, die man kaufen oder im Spiel gewinnen kann, enthalten zufällige Belohnungen. Zumeist eine Mischung aus In-Game-Währung, Skins oder anderen Gegenständen. Ihre Wirksamkeit beruht darauf, dass sie stets eine kleine Belohnung enthalten, was die Spieler kontinuierlich motiviert. Selten enthalten Lootboxen sehr wertvolle Gewinne, was sie außerordentlich spannend macht. Die Bandbreite der möglichen Belohnungen ist dabei enorm. Die Mischung aus häufigen kleinen und seltenen großen Gewinnen gepaart mit einer extremen Vielfalt an Belohnungen macht Lootboxen zu einem kraftvollen, verlockenden Instrument.

Die unterschiedliche Wirkkraft von Belohnungen kannst du anhand eines kleinen Experiments an dir selbst testen: Stell dir vor, jedes Mal, wenn du eine Treppe hochläufst, erhältst du eine köstliche Tafel Vollmilchschokolade als Belohnung. Wie häufig wirst du die Treppe hochlaufen? Jetzt stell dir vor, nach manchen Treppenaufstiegen wartet eine unbekannte Überraschung auf dich: Ein knallroter Apfel, ein spannendes Buch, eine dampfende Pizza mit deinem Lieblingsbelag, ein Paar nagelneue Sneakers, ein kleines Gadget, das dir das Leben erleichtert … Wie häufig wirst du nun die Treppe hochlaufen? Ich persönlich frage mich, wie viele Treppen ich wohl schaffe ... Und du? Kannst du der Versuchung widerstehen oder wirst du jede Gelegenheit nutzen, um die nächste Überraschung zu entdecken?

Belohnungssysteme, die so ausgeklügelt sind wie in digitalen Spielen, sind in anderen Bereichen nur schwer zu finden. In dieser Hinsicht kann viel vom Gaming gelernt und nutzbringend umgesetzt werden, wenn es darum geht, Motivation zu wecken. Teilweise geschieht dies auch bereits, so im Bildungssektor, wo durch Gamification Lernprozesse ansprechender gestaltet werden. Nicht zuletzt bilden Serious Games ein eigenes Genre, dessen Ziel es ist, auf spielerische Weise Wissen zu vermitteln.

Eine gute Balance zwischen involvierendem Gameplay und manipulativer Ausbeutung zu finden, ist allerdings eine Gratwanderung. Entwickler tragen dabei eine hohe Verantwortung, da ein unausgewogenes Design nicht nur das Spielerengagement erhöht, sondern auch die Entstehung einer Sucht begünstigen kann. Die Aufnahme der „Gaming Disorder“ in die ICD-11 (Internationale statistische Klassifikation der Krankheiten und verwandter Gesundheitsprobleme) im Jahr 2022 bestätigt die medizinische Anerkennung dieser Suchtform. Besonders in der Ära der Games as a Service-Strategien besteht ein starker Anreiz, Mechanismen zu integrieren, die Spieler binden oder sogar süchtig machen, denn beides sorgt für wiederkehrende Spieler und höheren Umsatz. Gamer können in dieser Hinsicht nur hoffen, dass die Entwickler ihrer Spiele über einen intakten moralischen Kompass verfügen.

Belohnungen bedeuten im Gaming auch immer eins: Besitz! Und Besitz bindet, wie wir im Folgenden lernen werden.

DER ENDOWMENT-EFFEKT: BESITZ ALS FESSEL

Fällt es dir schwer, deinen Keller oder Kleiderschrank auszumisten? Erscheint dir plötzlich selbst der übelste Staubfänger wertvoll und du zögerst, dich von ihm zu trennen? Und geht es dir ähnlich, wenn du in einem Game die Items in deiner virtuellen Schatzkammer nicht zurücklassen willst? Für dieses Gefühl sorgt höchstwahrscheinlich der „Endowment Effekt“ – auf Deutsch „Besitztumseffekt“. Hierbei handelt es sich um ein psychologisches Phänomen, das erstmals vom Verhaltensökonomen Richard Thaler erforscht wurde. Thaler fand heraus, dass Menschen dazu neigen, Dinge als wertvoller zu erachten, nur weil sie diese besitzen.[46] Allein der Besitz eines Gutes verstärkt in unserer Wahrnehmung also seinen Wert. Sobald wir etwas besitzen, geben wir es oft nur widerwillig ab, es sei denn, wir erhalten dafür eine deutliche Kompensation – gerne auch über den eigentlichen Wert hinaus. Belegt wurde dieses Phänomen in unterschiedlichen Experimenten, unter anderem mit Tassen. Die Hälfte der Testpersonen erhielt eine Tasse als Geschenk und wurde befragt, zu welchem Preis sie diese Tassen der anderen Gruppenhälfte zum Kauf anbieten würden. Die Tassenbesitzer forderten im Durchschnitt 7,12 US-Dollar, während die potenziellen Käufer durchschnittlich 2,87 US-Dollar zu zahlen bereit waren – also nur rund 40% des geforderten Preises.[47]

Im Gaming spielt der Besitztumseffekt eine große Rolle, da in vielen Spielen erheblicher virtueller Besitz angehäuft werden kann. Ob es sich dabei um virtuelle Gegenstände, gewonnene Level, Trophäen, eine Ranglistenplatzierung oder gar einen eroberten Kontinent handelt, ist unerheblich – der Besitztumseffekt kann in Bezug auf ganz unterschiedliche Arten von „Besitz“ erlebt werden. Je mehr wir besitzen und je wertvoller uns dieses „Eigentum“ erscheint, desto schwerer trennen wir uns später davon – und somit auch vom Spiel. Dies unterscheidet digitale Games stark von Brettspielen, bei denen der „Besitz“ lediglich in der vorübergehenden Verwendung des Spielmaterials besteht und keinen bleibenden Wert darstellt. In virtuellen Spielen hingegen kann der Besitz dauerhaft und vielfältig sein, was den Besitztumseffekt verstärkt.

Games Publisher können diesen psychologischen Effekt durch bestimmte Mechanismen fördern und dadurch unsere emotionale Bindung an ein Spiel steigern. So beispielsweise, indem Besitz als etwas Besonderes inszeniert und dadurch seine Wertschätzung gefördert wird. In vielen Spielen ist es zudem üblich, eine Lockmethode anzuwenden: Spieler werden zu Beginn mit großzügigen Geschenken und Boni begrüßt. Diese erleichtern den Einstieg und sorgen für einen Grundstock an Besitz, der die Bindung von Anfang an stärkt. Solche Geschenke können beispielsweise In-Game-Währung oder Items sein, die beim Erreichen von Zielen helfen. Ähnlich wie Parfum-Pröbchen bringen diese anfänglichen Geschenke auf den Geschmack, indem sie Gamer die Vorteile dieser Inhalte erleben lassen. Wer später erneut davon profitieren möchte, muss dann im In-Game-Shop dafür bezahlen oder viel Spielzeit investieren. So fördern die Give-aways nicht nur die emotionale Bindung, sondern ebnen auch den Weg für spätere Käufe und unterstützen die Monetarisierung.

Ob geschenkt, erspielt oder gekauft: Der Besitztumseffekt trägt dazu bei, dass wir an einem Spiel festhalten, nur weil wir unser virtuelles Eigentum nicht endgültig zurücklassen wollen, selbst wenn dieses rein rational betrachtet gar keinen Wert hat. Der Besitz wirkt wie eine Fessel, die uns im Spiel gefangen hält.

DER IKEA-EFFEKT: WIE EIGENLEISTUNG DEN WERT STEIGERT

Die Bedeutung von Besitz wird zusätzlich gesteigert, wenn wir aktiv an der Gestaltung oder dem Aufbau eines Objekts beteiligt sind. Dieses Phänomen wird als IKEA-Effekt bezeichnet, benannt nach dem Do-it-yourself-Konzept des weltweit bekannten Möbelhändlers. Wenn wir ein Gut selbst gestalten, herstellen oder aufbauen, empfinden wir es als wertvoller als ein vergleichbares „Fertigprodukt“. Unsere persönliche Beteiligung führt oft sogar zu einer deutlichen Überschätzung des Werts, denn Maßgröße ist nicht mehr der Gegenstand an sich, sondern die Zeit und Mühe, die wir in dessen Fertigstellung investiert haben.[48]

Ein witziger Hinweis auf den IKEA-Effekt fand sich in den USA bereits Ende der 1940er Jahre in Bezug auf Kuchen-Backmischungen.[49] Damals floppten die Backmischungen, weil Frauen diese als minderwertig einstuften. Dann entdeckte der Psychologe Ernest Dichter eine verblüffend einfache Lösung: Statt nur Wasser hinzuzufügen, musste ein frisches Ei hinzugegeben werden. Durch diese zusätzliche Eigenleistung fühlte sich die Backmischung plötzlich wie der „eigene“ Kuchen an. Dieser kleine Kniff genügte, um die Wertanmutung des Kuchens zu steigern und – tadaaa! – plötzlich verkauften sich die Backmischungen wie warme Semmeln.

Was hat das nun mit Gaming zu tun? Viele digitale Games bieten den Spielern umfangreiche Gestaltungsmöglichkeiten. Ob es in einem Spiel darum geht, eine Stadt zu bauen, einen Bauernhof zu pflegen, Avatare nach individuellen Präferenzen einzukleiden, Waffen oder Fahrzeuge zu personalisieren oder einen virtuellen Keks mit Schokostückchen zu garnieren – all diese Möglichkeiten erhöhen den wahrgenommenen Wert der Spielelemente und können die Bindung an ein Spiel festigen. Selbst ganz einfache Do-it-yourself-Features können den IKEA-Effekt auslösen. Bereits die Möglichkeit, verschiedene Objekte nach eigenen Vorstellungen zu sortieren oder zu arrangieren, reicht aus, um ihre Wertwahrnehmung zu steigern.[50] Durch Eigeninitiative wird es „deins“! Die emotionale Bindung wird verstärkt.

KOGNITIVE VERZERRUNGEN: WENN UNSER GEHIRN UNS AUSTRICKST

Der Besitztumseffekt und der IKEA-Effekt zählen zu den sogenannten „kognitiven Verzerrungen". Dabei handelt es sich um systematische Fehlschlüsse, die unsere Urteils- und Entscheidungsfähigkeit beeinflussen. Diese Verzerrungen entstehen, weil wir uns auf einfache, schnelle Entscheidungsregeln, sogenannte Heuristiken, verlassen. Heuristiken sind Denkhilfen, die in vielen Fällen effizient und hilfreich sind, aber unter bestimmten Bedingungen zu Fehlurteilen und falschen Entscheidungen führen können. Diese Denkfehler geschehen zumeist unbewusst und können in vielen Lebensbereichen, so auch beim Spielen, auftreten.

Insbesondere der Nobelpreisträger Daniel Kahneman und sein Kollege Amos Tversky, denen wir in diesem Buch noch einige Male begegnen werden, haben umfassende Forschung zu diversen Verzerrungen vorgelegt. Eine ihrer bekanntesten Erkenntnisse ist das Konzept der Verlustaversion, welches besagt, dass Menschen einen Verlust höher gewichten als einen gleichwertigen Gewinn.[51] Zum Beispiel hat das Verlieren von 50 Euro auf der Straße stärkere emotionale Auswirkungen zufolge als das Finden von 50 Euro. Droht in einer Situation ein Verlust, so sind daher viele von uns bereit, einiges dafür zu tun, um diesen abzuwenden. Häufig werden in solchen von Unsicherheit geprägten Momenten vorschnelle, irrationale Entscheidungen gefällt. Die Verlustaversion bildet die Grundlage für diverse kognitive Verzerrungen, einschließlich des Besitztumseffekts.

Im Bereich des Gamings werden kognitive Verzerrungen teilweise gezielt ausgelöst, damit wir mehr Zeit, Geld und Energie investieren, als wir es rational betrachtet tun würden. Ein Beispiel hierfür ist die Nutzung der Verlustaversion in Spielmechaniken, bei denen Spieler aufgefordert werden, Geld zu investieren, um Verluste abzuwenden. Ein spannendes Beispiel hierfür folgt im nächsten Kapitel. Im Laufe des Buches werden wir weiteren spezifischen kognitiven Verzerrungen begegnen, die unser Verhalten beeinflussen.

FLOW: ICH BIN DANN MAL WEG!

Minuten verfliegen wie Sekunden, Stunden werden zu Augenblicken. Der Raum um dich herum verschwimmt. Du bist so sehr in deine Tätigkeit vertieft, dass du alles andere um dich herum vergisst. Fast wie in Trance meisterst du jede einzelne Herausforderung. Deine Fähigkeiten kannst du hierbei optimal einsetzen. Jede deiner Handlungen und Entscheidungen fühlt sich genau richtig an und bringt dich einen Schritt weiter. Dieses intensive Erlebnis erfüllt dich mit einer tiefen inneren Zufriedenheit ... Was du hier erlebst, nennt man Flow.

Doch was genau ist „Flow"? Der ungarische Psychologe Mihály Csíkszentmihályi konnte zeigen, dass Menschen einen mentalen Zustand völliger Vertiefung und Freude erreichen können, wenn sie einer intrinsisch motivierten Tätigkeit nachgehen – sei es Joggen, Zeichnen, Musizieren, Programmieren, Arbeiten oder was auch immer.[52] Dabei tauchen sie so tief in die Tätigkeit ein, dass sie die Außenwelt um sich herum vergessen.

Unter bestimmten Voraussetzungen kann sich auch im Gaming ein Flow einstellen – hierfür wurde unter Einbezug von Csíkszentmihályis Theorie ein Modell von zwei australischen Forscherinnen entwickelt, das sogenannte „Game Flow Modell".[53] Es umfasst Faktoren, die das Spielerlebnis fördern und einen Flow begünstigen. So brauchen wir beispielsweise ein klares Ziel und regelmäßiges Feedback. Außerdem muss eine optimale Balance zwischen dem Schwierigkeitsgrad der Aufgabe und den eigenen Fähigkeiten bestehen. Ist eine Aufgabe zu schwierig oder zu leicht, entstehen Frust oder Desinteresse, aber definitiv kein Flow!

Einen Flow bei Spielern auszulösen, ist eine hohe Kunst und das Ziel vieler Game Designer, denn gerade dieses Erlebnis macht digitale Spiele zu einer der befriedigendsten Unterhaltungsformen überhaupt. Indem Game Designer die Prinzipien des Flow-Zustands berücksichtigen, fördern sie das Wohlbefinden der Gamer. Psychologische Studien zeigen, dass ironischerweise sogar das Spielen des einfachen Casual Games *Plants vs. Zombies* Symptome von Angststörungen und Depressionen lindern kann.[54] Vermutlich gilt dies auch für andere Mobile Games, die nach ähnlichem Muster funktionieren. Forscher vermuten, dass der Flow-Zustand hierbei eine wesentliche Rolle spielt, denn im Flow reduzieren wir Stress, fühlen uns gut und kompetent.[55] Für viele Gamer ist der Flow das „Wellness-Programm Nr. 1" und ein Grund, Gaming langfristig als Hobby die Treue zu halten oder zu den Lieblingsspielen immer wieder zurückzukehren.

Aufgrund der Entwicklungen in den Bereichen der Künstlichen Intelligenz und des Maschinellen Lernens können Game Developer heute mehr als je zuvor auf intensive Flow-Erlebnisse abzielen, denn diese Technologien ermöglichen es, Spielinhalte dynamisch an die individuellen Fähigkeiten und Persönlichkeitsmerkmale der Spieler anzupassen. Adaptives Gameplay analysiert das Spielverhalten in Echtzeit und passt beispielsweise den Schwierigkeitsgrad entsprechend an. So erlebt jeder Spieler die für ihn optimale Herausforderung, was die Wahrscheinlichkeit erhöht, in einen Flow zu gelangen und diesen länger aufrechtzuerhalten. Auf diese Weise kann der Flow auch gezielt zur Monetarisierung genutzt werden. Einige Spiele implementieren Mechanismen, bei denen Spieler dazu animiert werden, zu zahlen, um im Flow zu bleiben. Beispielsweise wenn verdeckte Mechaniken, von denen der Spieler nichts weiß, den Spielverlauf absichtlich verschlechtern, und Spieler motiviert werden, Geld auszugeben, um den Flow noch länger genießen zu können.[56] Natürlich tragen aber auch die Ästhetik des Spiels – also Grafik und Sound – sowie gutes Storytelling und eine einfache Bedienung/Steuerung dazu bei, den Flow zu unterstützen.

Der Flow-Zustand kann ein zweischneidiges Schwert sein, denn so schön er auch ist, beraubt er uns unseres Zeitgefühls und kann dazu führen, dass wir immer weiterspielen. Genau das kann ein Ziel von Publishern sein, denn langes, regelmäßiges und vor allem langfristiges Spielen ist der Motor für den wirtschaftlichen Erfolg vieler Games.

In diesem Kapitel haben wir gesehen, dass Gaming kraftvoll ist, da es unsere Instinkte anspricht und grundlegende Bedürfnisse befriedigt. Unabhängig davon, ob Spiele gut gestaltet sind oder ausbeuterisch wirken, erfüllen sie grundsätzlich ähnliche Bedürfnisse. Gute Spiele fesseln uns jedoch, ohne unsere Schwächen schamlos auszunutzen.

Angesichts der starken Anziehungskraft von Games stellt sich frühzeitig die Frage, ob manipulative Mechanismen wirklich notwendig sind. Schließlich verstärken sie etwas, das ohnehin schon sehr fesselnd ist und für das Milliarden von Menschen durchaus bereit sind zu bezahlen. Problematisch wird es, wenn psychologische Effekte gezielt genutzt werden, um wirtschaftliche Gewinne zu maximieren. An diesem Punkt verschwimmt die Grenze zwischen fairer Unterhaltung und manipulativer Ausbeutung. Eine Wertung überlasse ich dir. Wagen wir uns nun zu umstritteneren Facetten des Gamings ...

KAPITEL 4

ZEIT

ENDLOSIGKEIT: GEFANGEN IM HAMSTERRAD

PERSISTENTE WELTEN: 24/7 IN ACTION

VON SCHNELLEN ERFOLGEN UND EWIGEM GRINDING

PLAYING-BY-APPOINTMENT: DU SPIELST, WANN WIR ES WOLLEN

DAILY REWARDS UND STREAKS: GEWOHNHEITEN WECKEN

WAIT-TO-PLAY

SPIELRUNDEN-BESCHLEUNIGER: ZEIT IST GELD

DAS SPIEL BESTIMMT: PAUSEN SIND CHEFSACHE

GUILT TRIPPING: DEINE SCHULD

ZEITINVESTMENT UND GAMING UNTER MINDERJÄHRIGEN

TIPPS

Mit dem Thema „Zeit“ begann eigentlich dieses Buch. An einem Wochenendnachmittag unterhielt ich mich mit meinem damals 11-jährigen Sohn über Spiele und er machte den Vorschlag, mir sein Haus zu zeigen, das er in *Animal Crossing: New Horizons* gebaut hatte. Hausbau und -einrichtung waren langwierige Prozesse gewesen, in die er viel Mühe und Spielzeit gesteckt hatte. Wir setzten uns also gemeinsam vor den Monitor und staunten nicht schlecht, als wir das virtuelle Haus betraten. Kakerlaken liefen von links nach rechts, krochen unter Möbeln hervor und verschwanden sogleich wieder unter diesen. Ein großes Krabbeln! Meinem Sohn war es sichtlich peinlich und er fühlte sich schuldig, dass es in seinem liebevoll eingerichteten Häuschen nur so von Ungeziefer wimmelte.

Was hatte es mit den Kakerlaken auf sich? Die Kakerlaken bevölkern ein Haus, wenn man dem Spiel längere Zeit fernbleibt. Strenggenommen handelt es sich hierbei um eine Methode des operanten Konditionierens durch Bestrafung. Seltenes Spielen wird sanktioniert. Ziel ist es, dass Gamer sich regelmäßiger in das Spiel einloggen, um diese Strafe abzuwenden. Jemand erzog hier offenbar ohne mein Wissen mein Kind. Allerdings handelte es sich nicht um eine pädagogisch wertvolle Botschaft, sondern um einen fiesen Trick, der die Nutzungsfrequenz des Spiels erhöhen sollte. Das Design von *Animal Crossing: New Horizons* zielt auf gewohnheitsmäßiges Spielen ab, damit die virtuelle Welt möglichst kontinuierlich bevölkert ist. Dem fällt vor allem beim Spielen online eine große Rolle zu, denn hier kann man sich live mit anderen Spielern treffen und interagieren.

In einem an Kinder gerichteten Spiel hinterließ diese fragwürdige Mechanik einen besonders faden Beigeschmack. Gerade in Familien mit Kindern und Jugendlichen entbrennen aufgrund des Zeitkontingents, das mit Games verbracht wird, immer wieder hitzige Diskussionen und nicht selten geraten die Minderjährigen hierbei selbst in die Schusslinie, als wären sie die Hauptschuldigen für das Dilemma. Doch nicht nur ungezügelter Spielspaß oder eine tolle Story führen in Versuchung, mehr zu spielen, sondern hier wirken Faktoren, die weit über die Kontrolle einzelner Spieler hinausgehen.

Die Motivation von Publishern, solche Strategien einzusetzen ist hoch, denn regelmäßiges und langfristiges Spielen ist eine zentrale Triebfeder für den wirtschaftlichen Erfolg vieler Games. In der Forschungsreihe „Frankfurt Game Studies“ konnte gezeigt werden, dass die Kaufbereitschaft und die tatsächlichen Ausgaben für In-Game-Items steigen, je länger eine einzelne Spielsession (gemessen in Stunden) dauert. Ebenso ergab die Studie: Je länger der gesamte Zeitraum, währenddessen ein Spiel gespielt wird (gemessen in Jahren), desto mehr Geld wird für In-Game-Items ausgegeben.[57]

Parallel zum Umsatz wachsen mit steigendem Zeitinvestment ebenso das Datenvolumen und die Chancen, Gamer mit Werbung zu konfrontieren. All diese Faktoren haben direkte oder indirekte Auswirkungen auf den ökonomischen Erfolg eines Games. Kurz: Je mehr Zeit jemand mit einem Spiel verbringt, desto höher sind die Chancen, mit ihm Geld zu verdienen.

Wie wir im vorangehenden Kapitel gesehen haben, ziehen viele Spiele Gamer bereits durch ihre generelle Spielmechanik in ihren Bann, und oftmals werden solche Faktoren nicht als negativ empfunden, da sie involvieren und Spannung erzeugen. Doch Entwickler strapazieren dies über die Grenzen und gestalten auch an scheinbar überflüssigen Stellen ganz bewusst so, dass Nutzungsdauer maximiert und Spielerbindung gefördert wird.[58] Aus Sicht dieser Publisher entwickeln Gamer durch solche Strategien bestenfalls eine Gewohnheit, die das Spiel zu einem festen Bestandteil ihrer Alltagsroutine werden lässt. Und das über Jahre. Solche Strategien sind mit ein Grund dafür, dass Menschen sich nicht mehr aus Games lösen können und teilweise weit über ein gesundes Zeitkontingent hinaus spielen.

ENDLOSIGKEIT: GEFANGEN IM HAMSTERRAD

Bestimmt kennst du das Sprichwort „Alles hat ein Ende nur die Wurst hat zwei" – es spielt auf etwas plumpe Weise auf die Endlichkeit aller Dinge an. Ein begehrenswerter Zustand, so zumindest, wenn du zum vierzehntausendsten Mal einen Level im Mobile Game *Candy Crush Saga* spielst und auf ein natürliches Ende des Spiels hoffst. Denn das existiert nicht. Casual Games wie *Candy Crush* oder *Gardenscapes* verfügen über Level im Zehntausender-Bereich, die ständig erweitert werden. Auch die zentrale Spielmechanik von Multiplayer Online Games verläuft in einem endlosen Zyklus. Immer wieder gilt es, Gegner zu bekämpfen oder den nächsten Level zu schaffen. Das Fehlen eines endgültigen Finales, welches diese Spiele dauerhaft beendet, stellt eine Schwierigkeit dar: Auf Endlosigkeit angelegte Games gelten als die Spiele mit der höchsten Suchtgefahr.[59] Sich aus diesen Spielen zu lösen ist oft nicht so einfach, wie man es sich von außen betrachtet vorstellt. Das Zubewegen auf ständig neue Ziele setzt Dopamin frei, was uns dazu ermutigt, uns immer und immer wieder zu dieser eigentlich sinnentleerten Handlung hinreißen zu lassen, ohne sie zu hinterfragen.

Laut Jamie Madigan, einem der führenden Psychologen im Gaming-Bereich, zieht ein weiteres Phänomen Spieler immer wieder zu diesen Games: der sogenannte Zeigarnik-Effekt, benannt nach der russischen Psychologin Bluma Zeigarnik, die ihn bereits in den 1920er Jahren erforschte.[60] Im Kern beschreibt dieser Effekt die menschliche Eigenschaft, sich an Unerledigtes besser zu erinnern als an Erledigtes. Noch ausstehende oder abgebrochene Aufgaben sind im Gedächtnis präsenter und ziehen Aufmerksamkeit auf sich, bis sie endlich erledigt sind. Eine mögliche Erklärung hierfür ist, dass das Gehirn durch diese Priorisierung sicherstellen will, dass Unerledigtes nicht liegen bleibt, sondern vollendet wird.

Bei Endlos-Spielen kann sich dieser Effekt auf das Beenden einzelner Herausforderungen beziehen, aber eben auch auf das Spiel im Gesamten. Hat man einen Level erstmal begonnen, so wird man den inneren Drang empfinden, diesen beenden zu müssen. Hat man diesen beendet, wartet schon der nächste … Ein Gefühl der tiefen Befriedigung „etwas erfolgreich abgeschlossen" zu haben, erfolgt daher nur kurzfristig auf Basis einer einzelnen Aufgabe, nie aber in Bezug auf das gesamte Spiel.

Es ist, als würde dir das Spiel ins Ohr flüstern, dass es noch etwas zu tun gibt: Unvollendete Herausforderungen warten! Dieser Druck in Kombination mit der Aussicht auf weitere Belohnungen fördert die langfristige Beteiligung – möglicherweise sogar über den Punkt hinaus, an dem ein Spiel wirklich noch Spaß macht. Naja, jedenfalls muss ich jetzt los. Level 4.129 wartet …

PERSISTENTE WELTEN: 24/7 IN ACTION

Wir spielen, loggen uns aus, und beim nächsten Log-in finden wir die Spielwelt so vor, wie wir sie verlassen haben. Nicht so bei Spielen mit „persistenten Welten". Hier geht die Party weiter, selbst wenn wir nicht aktiv daran teilnehmen! Die Spielumgebung kann sich verändern, Ereignisse tragen sich zu und unser virtueller Besitz kann von anderen Spielern geraubt oder zerstört werden, während wir offline sind.[61] Und all das merken wir erst, wenn wir uns irgendwann wieder ins Spiel einloggen. Ein Pausieren oder Anhalten der Spielwelt durch einen Einzelnen ist nicht möglich.

Persistente Welten können Spiele extrem spannend machen und die Neugier auf die weitere Entwicklung verstärken. Doch die Tatsache, dass diese virtuellen Universen kontinuierlich fortschreiten, kann einen Einfluss auf unsere Gefühlswelt und unser Nutzungsverhalten haben. Ein Grund hierfür ist ein Symptom, das häufig als „FOMO" (Fear of Missing Out) abgekürzt wird. Die Sorge, etwas zu verpassen und anderen das Feld zu überlassen, treibt unsere Zeit vor den Bildschirmen in die Höhe.[62] FOMO wird vor allem im Zusammenhang mit Social Media-Plattformen wie TikTok und Instagram diskutiert, lässt sich genauso aber auch auf andere digitale Umgebungen wie persistente Welten im Gaming übertragen.

Der Stress, der in uns z. B. aus Raubzügen resultiert, wird in manchen Games sogar monetarisiert. In In-Game-Shops können Wächter, Schlösser oder Tiere gekauft werden, die unseren Besitz während Offline-Zeiten vor räuberischen Gegenspielern schützen. Hier wird sich ganz gezielt das Phänomen der „Verlustaversion" zunutze gemacht, die wir im vorangegangenen Kapitel kurz betrachtet haben. Die ständige Gefährdung des In-Game-Besitzes spielt mit unserer Angst, Dinge zu verlieren. Ein erheblicher Handlungsdruck wird ausgelöst und wir werden zu Käufen verführt. Wer beim Lesen nun glaubt, er sei gegen diesen Mechanismus gewappnet, weil er schon älter oder gut situiert ist, der irrt. Die Verlustaversion steigt mit dem Alter, dem Einkommen und Vermögen.[63] In bestimmten Spielen zeigt sich, dass wohlhabendere Frauen im Alter von 55 Jahren und älter beispielsweise eher bereit sind, Geld auszugeben, um In-Game-Verluste abzuwenden, als für den Kauf von rein kosmetischen Gegenständen wie Skins.[64]

Doch nicht nur Online-, auch die Offline-Versionen von Spielen können persistent sein. Hier wird dem Spieler beim erneuten Log-in suggeriert, es hätten Ereignisse stattgefunden. So wachsen in *Animal Crossing: New Horizons* beispielsweise Früchte, die dann geerntet werden können. Jahres- und Tageszeiten im Spiel passen sich mitsamt den typischen Bedingungen und Lichtverhältnissen an die reale Lebensumgebung an. Grundlage hierfür ist bei den meisten Spielen eine interne Uhr.

Durch ihre anhaltende Dynamik können persistente Welten sehr abwechslungsreich sein, schüren jedoch auch eine konstante Erwartungshaltung und fördern Handlungsdruck. Interaktionen scheinen permanent Sinn zu machen, was uns dazu verführen kann, viel mehr Zeit vor den Bildschirmen zu verbringen als ursprünglich geplant.

VON SCHNELLEN ERFOLGEN UND EWIGEM GRINDING

Beginnt man ein neues Spiel, so wird im Game Design oftmals darauf gesetzt, uns möglichst schnell das zentrale Gameplay und tolle Erfolge erleben zu lassen. Ein Sieg jagt den nächsten, die Belohnungen trudeln nur so herein! Schnelle Aufstiege und Erfolge sind der Schlüssel, der ausgehend von der ersten Spielsession für weitere Sessions motiviert. Es gibt zahlreiche Studien, die sich damit auseinandersetzen, zu welchem Zeitpunkt die ersten Belohnungen in Games und anderen Anwendungen ausgegeben werden sollten, um die Motivation zur weiteren Nutzung zu maximieren.[65]

In den meisten Games steigt der Schwierigkeitsgrad sukzessive. Die Abstände zwischen den Belohnungen werden länger. Hierdurch bleibt das Spiel spannend, doch teilweise liegen die Belohnungen so weit auseinander, dass der Weg dorthin zu einer regelrechten Strapaze wird. Das bedeutet oft ewiges Grinding! Ein Beispiel: Du tötest 1.000 Mal das gleiche kleine Monster mit gefühlt 50.000 Mausklicks, um genügend Experience Points (Erfahrungspunkte) für den nächsten Levelaufstieg zu sammeln. Grinding, also das Wiederholen sehr monotoner Aufgaben, wird für eine gewisse Dauer zum Dreh- und Angelpunkt des Spiels. Hierbei helfen keine besonderen Fähigkeiten oder Glück – im Gaming-Jargon „Skill" und „Luck" –, ausschließlich der reine Zeiteinsatz bringt dich weiter.

Diese Art des Game Designs verlängert die Spielzeit künstlich, ohne neue Inhalte zu liefern. Durch die anfänglichen Erfolge ist der Spieler zu diesem Zeitpunkt aber bereits emotional an das Spiel gebunden und verspürt den Wunsch, die anfänglichen Erfolge wieder zu erleben und im Spiel voranzuschreiten. Die Aussicht auf eine Belohnung, die mit Sicherheit irgendwann kommen wird, hält ihn bei der Stange. Dieser Prozess kann das Zeitinvestment in ein Spiel stark erhöhen – bestenfalls entwickelt der Gamer aus Sicht der Publisher in dieser Phase eine Gewohnheit, die ihn längerfristig ans Spiel bindet.[66]

Grinding wird zudem gezielt eingesetzt, um die Kaufbereitschaft zu beeinflussen. Ungeduldige Spieler oder Spieler mit begrenztem Zeitkontingent können den Fortschritt beschleunigen, indem sie dafür zahlen. Solche Angebote sind bekannt als Pay-to-Skip. Ich betrachte sie näher in Kapitel 6 („In-Game-Käufe"). Zeit wird in diesem Kontext zur Währung, mit der oder für die wir zahlen.

PLAYING-BY-APPOINTMENT: DU SPIELST, WANN WIR ES WOLLEN

Ich erinnere mich ungerne an den Abend, als ich zu spät zu einem Essen mit meinem Freund kam, da ich in einer Samstagabend-Challenge unbedingt diesen Victor von Platz 1 verdrängen wollte … Geschafft habe ich es nicht und mich anschließend damit getröstet, dass Victor möglicherweise kein echter Gegner, sondern ein Bot war. Auch da kann man sich ja nicht immer ganz sicher sein. Sorry an dieser Stelle nochmal fürs Warten, Philipp! Die hier beschriebene Situation ist eine klassische Auswirkung von Playing-by-Appointment. Hierbei gibt das Spiel einen Zeitraum oder eine Uhrzeit vor, zu der gespielt werden muss.[67] Du richtest dich also nach dem Zeitplan des Spiels und nicht nach deinem eigenen. Dies ist ein häufig angewandtes Mittel, um Menschen dazu zu motivieren, ihre Nutzungsdauer über einen gewissen Zeitraum hinweg zu erhöhen oder zu Zeiten zu spielen, zu denen sie ansonsten nicht spielen würden. Verpasst man das „Appointment", droht in der Regel eine Bestrafung – mindestens durch den Verlust einer in Aussicht gestellten Belohnung, die mitunter sogar für den weiteren Spielverlauf relevant ist. Playing-by-Appointment wird auf verschiedene Art und Weise im Gaming eingesetzt:

Ein Klassiker sind zeitlich terminierte In-Game-Events mit exklusiven Belohnungen wie die oben beschriebene Samstagabend-Challenge. In Spielen mit In-Game-Shops erhöht diese Mechanik die Wahrscheinlichkeit, dass Spieler Geld für virtuelle Gegenstände ausgeben, sofern diese eine Unterstützung bieten, die Herausforderung in dem dafür anberaumten Zeitraum zu bewältigen. Solche Events versprechen Spannung, besonders wenn man sie im Team spielt, doch gerade in vielen Mobile Games entpuppen sich diese Herausforderungen oft als echte Zeiträuber.

In einer anderen Variante von Playing-by-Appointment, bieten Spiele gewisse Inhalte nur zu bestimmten Zeiten an. Will man beispielsweise in *Animal Crossing: New Horizons* einen Kugelfisch angeln, so ist dies nur in den Monaten November bis Februar zwischen 21 und 4 Uhr möglich![68] Wer alle Inhalte erleben oder sammeln möchte, muss sich also zu verschiedenen Tages- und Jahreszeiten einloggen.

Teilweise wird auch „Farmen" mit Playing-by-Appointment verknüpft. Unter Farmen versteht man allgemein das Sammeln bestimmter Ressourcen. Eine breite Spielerschaft wurde mit dieser Mechanik durch den Spieleklassiker *FarmVille* vertraut. Felder wurden mit Pflanzen bestellt, deren Reifungsprozess je nach Art zwischen zwei Stunden und vier Tagen betrug.[69] Für die Ernte erhielt man „FarmCoins" als Belohnung. Wartete man mit der Ernte doppelt so lange wie die Dauer des Reifungsprozesses, so verrottete alles und die Belohnung war futsch! Spieler müssen hier also zu einem festgelegten Termin ins Spiel zurückkehren, um die Belohnung für eine längst vollendete Spielaktion einzusammeln. Ein effektives Mittel, um die baldige Rückkehr ins Spiel sicherzustellen.

Falls du dir jetzt die Frage stellen solltest: Ja, es gibt tatsächlich Menschen, die sich nachts um 3 einen Wecker stellen, um eine terminierte Spielaktion ausführen oder eine Belohnung einsammeln zu können … <räusper> …

DAILY REWARDS UND STREAKS: GEWOHNHEITEN WECKEN

Daily Rewards versprechen Spielern für tägliches Einloggen eine besondere Belohnung wie In-Game-Währung oder Power-Ups – spezielle Gegenstände oder Fähigkeiten, die den Spielverlauf (meist temporär) positiv beeinflussen. Verpasst ein Spieler die Gelegenheit, so geht er leer aus.

Viele Spiele belohnen jedoch nicht nur auf täglicher Basis, sondern auch für einen „Streak" – sprich eine „Strähne": Wird über einen vorgegebenen Zeitraum täglich gespielt, ohne einen Tag zu verpassen, so winken zusätzliche Belohnungen. Unterbricht der Spieler seinen Streak, so geht er leer aus. Manche Spiele ermöglichen die Wiederherstellung eines unterbrochenen Streaks durch Bezahlung. Hierbei werden zwei manipulative Mechanismen kombiniert: der Verlust einer in Aussicht gestellten Belohnung und die Möglichkeit, Geld auszugeben, um diese zu retten.[70] Das Streak-System wird häufig auch von gamifizierten Lern-Apps wie beispielsweise *duolingo* genutzt, um die User zu kontinuierlichem Lernen zu motivieren. Ob Daily Reward oder Streak, beide Strategien sind darauf ausgelegt, das Spielen aus Gewohnheit zu fördern. Ist ein Spiel erstmal in die Alltagsroutine integriert, fällt es umso schwerer, wieder damit aufzuhören.

Solltest du dich wundern, wer sich denn von sowas locken lässt: Immerhin 41,7 % der Spieler loggen sich zumindest manchmal für Daily Content ein. 15,3 % hiervon sogar täglich![71] Ein internationales Forschungsteam konnte zeigen, dass Daily Content ambivalente Gefühle erzeugt. Einerseits werden diese Inhalte positiv und motivierend wahrgenommen, andererseits wecken sie Gefühle von Verpflichtung und Zwang, da unsere Verlustangst geweckt wird.[72]

Wir spielen mitunter also, um den Verlust einer in Aussicht gestellten Belohnung oder einer besonderen Spielchance abzuwenden. Die Kombination aus Motivation und Abwendung des Verlusts kann ein starker Hebel sein.

WAIT-TO-PLAY

Kurz gesagt: Bei Wait-to-Play geht gar nichts mehr! Das Spiel zwingt den Spieler, eine bestimmte Zeit zu warten, bevor weitergespielt werden kann. Der Grund ist meist die künstliche Begrenzung von Leben, Energie oder anderen Ressourcen, die fürs Weiterspielen notwendig sind, und diese sind – krass gesagt – wie im echten Leben eben einfach irgendwann aufgebraucht. Wait-to-Play ist in Free-to-Play-Spielen eine häufig angewandte Strategie, um neue Monetarisierungsmöglichkeiten zu schaffen. Viele Spiele bieten die Möglichkeit, die Wartezeit zu überspringen. Alles, was du dafür tun musst: Im Shop bezahlen! Auch dieses Verfahren ist eine Pay-to-Skip-Strategie.

SPIELRUNDEN-BESCHLEUNIGER: ZEIT IST GELD

Ein aus ökonomischer Sicht effektiver Hebel, um die Kasse zum Klingeln zu bringen, kann das Verkürzen von Spielrunden sein. Dieser Faktor ist auch beim Design echter Geldspielautomaten von Bedeutung, denn sofern für eine Spielrunde Geld ausgegeben werden muss, hat die Spielgeschwindigkeit einen großen Einfluss auf den Umsatz.[73] So ist es auch bei Games, deren Prinzip auf Spielrunden basiert, mit denen eine Veränderung der Ressourcen einhergeht – man gewinnt oder verliert etwas. Insbesondere im Verlustfall kann eine abgeschlossene Spielrunde immer ein Anreiz für einen Kauf sein, um weiterspielen zu können.

Ein einfaches fiktives Beispiel zur potenziellen Wirkung der Spielrundendauer auf den Umsatz illustriert diesen Effekt: Gehen wir von einer Rundendauer von 15 Minuten zu Kosten von 1 Euro pro Runde aus, so wären pro Stunde vier Runden und ein Umsatz von 4 Euro pro Spieler realisierbar. Verkürzt sich die Spielrundendauer auf 5 Minuten, so wären 12 Runden à 12 Euro pro Spieler möglich. Rechnen wir dies auf 10.000 Spieler hoch, so könnten mit dem Modell „Lange Spielrunde" 40.000 Euro stündlich umgesetzt werden, mit dem Modell „Kurze Spielrunde" 120.000 Euro. Eine Differenz von 80.000 Euro stündlich, die lediglich auf Basis der Verkürzung von Spielrunden ermöglicht würde.

Eine Technik zur Beschleunigung von Spielrunden findet man beispielsweise in den Mobile Games *Coin Master* und *Coin Beach*. Zentraler Inhalt ist das Spielen an einem Glücksautomaten, an dem man Münzen, Schutzschilde, Extra-Spins und die Chance auf Plünderung anderer Spieler gewinnen kann. Gewinnt man keine Extra-Spins, stehen einem alle 30 Minuten nur fünf kostenlose Spins zur Verfügung. Weitere Spins müssen mit Geld erworben werden. Jeden Spin startet und stoppt man über das Berühren eines virtuellen Buttons, sofern man nicht die „bequeme" Alternative nutzt: die Funktion „Automatisch drehen" bzw. „Auto Spin". In dieser Einstellung spielt die App in Sekundenschnelle alle verfügbaren Spins durch, bis diese aufgebraucht sind oder man ein Dorf plündern darf. In letzterem Fall ist eine kurze Interaktion notwendig. Anschließend setzt der Automatismus wieder ein und ehe man es sich versieht: Ups, keine Spins mehr übrig!

Durch die „Auto Spin"-Technik werden Totzeiten zwischen einzelnen Spins entfernt und man kann noch schneller zum Kauf neuer Spins animiert werden. Ein Selbstversuch in *Coin Master* zeigte, dass das Verbrauchen von 50 Spins mit der Auto-Spin-Funktion inkl. Spielzeit von sechs Plünderungen bei 3:47 Minuten lag.[74] Sobald die Spins aufgebraucht waren, verwies die App auf den Zusatzkauf: 80 weitere Spins für 5,99 Euro. Ein stolzer Preis für die kurze Spieldauer. Bei Geldspielautomaten, wie man sie in Gaststätten und in Spielhallen findet, sind solche „Automatiktasten" aus Gründen des Spielerschutzes bereits seit 2013 verboten.[75]

Auf andere Art und Weise arbeiten auch Mobile Games wie *Candy Crush Saga* und *Raid: Shadow Legends* mit einer künstlichen Beschleunigung der Spielrunden.

In *Raid: Shadow Legends* können Ungeduldige die Spielgeschwindigkeit verdoppeln und das Bestreiten von Schlachten per Auto-Funktion komplett an die App übergeben. Man muss dann nur noch zuschauen, wie die Schlachten und damit Spielrunden in Windeseile durchkämpft werden.

Im Puzzle-Spiel *Candy Crush Saga* gilt es, durch Kombination passender Elemente Gegenstände einzusammeln und Hindernisse aufzulösen. Um sinnvolle Kombinationen erkennen und strategisch handeln zu können, braucht man einige Sekunden Zeit. Durch ein Aufblinken passender Symbole schlägt die App jedoch bereits nach ca. einer Sekunde einen möglichen, aber nicht immer zielführenden Spielzug vor. Durch dieses „Vorsagen“ kann neben der Spielgeschwindigkeit das Risiko erhöht werden, die limitierten Spielzüge pro Runde ineffektiv aufzubrauchen. Denn schafft man Level nicht, werden schnell die Leben knapp und müssen im Shop neu gekauft werden, sofern man nicht bis zu 30 Minuten auf das nächste Gratis-Leben warten will.

Bei all diesen Spielen geht eine verlorene Spielrunde mit einer Veränderung der Ressourcen einher und birgt daher die Chance für einen Kaufanlass wie beispielsweise von Extra-Leben, Spins oder Power-Ups. Je mehr verlorene Runden, desto mehr potenzielle Kaufanlässe.

DAS SPIEL BESTIMMT: PAUSEN SIND CHEFSACHE

Spiele unterscheiden sich massiv hinsichtlich der Flexibilität, Spielrunden zu pausieren oder Spielstände zu speichern. Games mit kurzen Spielrunden bieten den Vorteil, dass man zu vielen Zeitpunkten aus dem Spiel aussteigen kann. Doch bei Spielen mit langen Runden, die nicht pausiert oder deren Spielstand nur an gewissen Punkten gespeichert werden kann, geht diese Flexibilität verloren.[76]

Letzteres liegt bei Live-Spielen in der Natur der Sache, da viele Spieler in Echtzeit miteinander interagieren. Ein Pausieren der Runde durch einen Einzelnen würde den Spielverlauf der anderen Teilnehmer beeinflussen, daher ist dies unmöglich. Bekannt für besonders lange Spielrunden ist *League of Legends*. Die durchschnittliche Rundendauer beläuft sich auf ca. 40 Minuten. Das längste Match wurde mit 94 Minuten und 40 Sekunden in der koreanischen eSports-Profiliga dokumentiert – quasi so lange wie ein Fußballspiel inklusive Nachspielzeit![77] Der große Preis für lange Runden geht an dieser Stelle allerdings an meinen Lebensgefährten Philipp, der während seines Studiums gerne locker fünf Stunden am Stück in einem Raid in *World of Warcraft* abhing.[78]

Während bei Live Games keine andere Möglichkeit besteht, hiermit umzugehen, nutzen andere Spiele dieses Konzept jedoch völlig unnötig aus, indem Speichermöglichkeiten weit auseinander liegen und das Pausieren von Spielrunden bestraft wird – so beispielsweise durch Verlust von Leben, Energie oder Rang-Abstieg. Möchte man siegen oder Bestrafungen vermeiden, heißt das: Durchhalten, unabhängig davon wie lange die Runde dauert oder wann der nächste Speicherpunkt kommt! Diese Mechanik hält Spieler förmlich im Game gefangen und treibt die Nutzungsdauer in die Höhe. Das kann frustrieren, vor allem wenn die begrenzte Spielzeit nicht ausreicht oder das „echte“ Leben mit seinen Plänen dazwischenfunkt.

GUILT TRIPPING: DEINE SCHULD

Ein „guter“ Zeitpunkt, mit dem Spielen aufzuhören, geht schnell aus dem Blick verloren und die Verlockung, sich schnell für eine nächste Runde einzuloggen, ist oft groß. Trotzdem werden Spielrunden beendet und Geräte ausgeschaltet. Manchmal sogar für Wochen oder Monate. Doch wer annimmt, dass alle Spiele einen einfach so gehen lassen oder eine lange Abwesenheit verzeihen, der irrt: „Guilt Tripping“ ist eine Schuldzuweisungstaktik, mit der Emotionen beeinflusst werden sollen, um Interaktion und Engagement zu fördern. Hierbei werden Spieler vor eine moralische Zwickmühle gestellt und fühlen sich schuldig, ein Spiel zu beenden oder eine Spielpause einzulegen. Es wird das Gefühl erzeugt, man habe eine Verpflichtung gegenüber der virtuellen Realität.

Ein Beispiel für ausgefeiltes Guilt Tripping ist *Animal Crossing: New Horizons*, dessen Design auf gewohnheitsmäßiges Spielen abzielt. Nach längerer Abwesenheit werden Spieler nicht nur – wie am Kapitelanfang geschildert – mit unerwünschten Kakerlaken konfrontiert, sondern auch der eigene Avatar sieht völlig verwahrlost aus und die anderen Inselbewohner strafen einen mit missbilligenden Kommentaren: „That‘s no way to treat a snack buddy!“[79] Weitere Beispiele für Guilt Tripping gibt es reichlich. Dein zuckersüßer Hund im Tiersimulationsspiel *Nintendogs* verwandelt sich in einen bellenden Köter voller Flöhe, wenn du dich nicht regelmäßig um ihn kümmerst und in *Warhammer 40.000: Dawn of War* werden Spieler, die das Spiel verlassen möchten, mit dem Vorwurf der Feigheit konfrontiert: „Cowards die in shame!“ Du lässt schließlich deine Kameraden im Stich …

Solche Strategien sind nicht neu. Selbst in *World of Warcraft* wurden Spieler einst mit einem weinenden Peon[80] – einem Arbeiter-Ork – konfrontiert, wenn sie ihr Abonnement kündigen wollten. Interessant ist die Frage, ob solche Methoden wirklich einen Einfluss auf die Spielerbindung und Spieldauer haben oder ob sie nur kurzfristig unangenehme Gefühle auslösen. Eine Antwort darauf haben wahrscheinlich nur die Publisher selbst. Gerade eingesetzt in Spielen für Kinder sind sie aber in jedem Fall eins: ätzend!

ZEITINVESTMENT UND GAMING UNTER MINDERJÄHRIGEN

Bereits vor der Corona-Pandemie zeigten in Deutschland gemäß einer DAK-Studie 15,4 % der 12- bis 17-jährigen Gamer ein riskantes oder pathologisches Nutzungsverhalten im Zusammenhang mit digitalen Spielen. Als Zahl ausgedrückt waren das etwa 465.000 Jugendliche dieser Altersklasse.[81] Neuere Erhebungen zeigen, dass sich dieser Anteil durch die Pandemie weiter erhöht hat. Insgesamt gelten in Deutschland laut einer Erhebung mittlerweile über 600.000 Kinder und Jugendliche als Social-Media- und/oder Gaming-süchtig.[82] Das heißt, sie haben die Kontrolle über ihr Nutzungsverhalten verloren.

Hieran sind allerdings nicht nur die medialen Inhalte schuld, sondern auch viele andere persönliche Faktoren.[83] Bislang gibt es keine Studie, die belegen kann, dass sich Gaming per se negativ auf die Entwicklung von Kindern auswirkt. Gerät die Nutzungsdauer jedoch außer Kontrolle oder nimmt sie gar pathologische Züge an, so kann sich Gaming auf viele Lebensbereiche negativ auswirken. Alles steht und fällt also mit der Dauer, die gespielt wird.

Je mehr Zeit allgemein vor Bildschirmen verbracht wird, desto weniger Zeit bleibt für andere Dinge, die für die Entwicklung dringend notwendig sind. Eine Studie zeigte beispielsweise, dass Dreijährige pro Minute vor einem Bildschirm durchschnittlich sieben Wörter weniger von Erwachsenen aus ihrem Umfeld hören. Bei der durchschnittlichen Bildschirmzeit dieser Kinder summierte sich dies täglich auf 1.204 verpasste Wörter.[84] Gleichzeitig sprechen Kinder während ihrer Bildschirmzeit weniger. Beides kann sich negativ auf die Sprachentwicklung auswirken.

Auf der anderen Seite ermöglicht die maßvolle Nutzung von Games die Befriedigung wichtiger Bedürfnisse und stellt für viele Menschen eine große Bereicherung dar: Sie bieten einen Raum, in neue Rollen zu schlüpfen, Herausforderungen zu meistern, sich mit anderen zu messen und vieles mehr.[85] Wir haben einzelne Aspekte im vorangehenden Kapitel betrachtet. Und gerade unter Kindern und Jugendlichen bildet Gaming eine wichtige Gemeinsamkeit, die für reichlich Gesprächsstoff sorgt. Wer nicht mitspielt, kann nicht mitreden.

Entsprechend ist ein generelles Verbot meist nicht die beste Lösung. Das Ziel sollte eher sein, junge Menschen dabei zu unterstützen, ein gesundes Spielverhalten zu entwickeln und eine gute Balance zwischen virtueller und echter Welt zu finden. In dieser Hinsicht kann man Gaming sogar als wichtiges Lernfeld betrachten, in dessen Rahmen junge Menschen erproben können, einen verantwortungsvollen Umgang mit der Einteilung von Freizeit zu erlernen und trotz des Spaßes ihren Pflichten nachzukommen.

Aufgrund der beschriebenen Strategien kann die Festlegung und Einhaltung fester Spielzeiten eine große Herausforderung darstellen, mit der vor allem Kinder nicht allein gelassen werden dürfen. Eltern sind nicht nur in der Pflicht, ein angemessenes Zeitkontingent zu definieren, sondern müssen den Kindern auch dabei helfen, dieses wirklich einzuhalten.

TIPPS

- Das Wichtigste vorab: Du hast ein Gehirn und zwei Hände. Du kannst Geräte abschalten!
- Mache dir beim Spielen bewusst, ob und welche der oben beschriebenen Strategien angewendet werden und was ihr Ziel ist.
- Definiere konkrete Spielzeiten: Lege fest, wann genau und wie lange du spielst und halte dich daran. Du kannst Wecker oder Timer zur Überwachung deiner Spielzeit nutzen. Bei Minderjährigen, die sich an eine vereinbarte Bildschirmzeit halten sollen, ist es ratsam, genau zu besprechen, wie viel Zeit für ein Spiel bzw. eine Spielrunde benötigt wird, um dies entsprechend zu planen. Jemand, der nur 15 Minuten spielen darf, wird beispielsweise ein Spiel wie *Fortnite* nie auf befriedigende Art spielen können, da eine Runde je nach gewähltem Modus und Leistungsniveau gerne bis zu 25 Minuten dauert.
- Überlege, was dir dabei helfen kann, nach Ablauf der Zeit tatsächlich mit dem Spielen aufzuhören. Vielen hilft ein Anschlusstermin wie ein Treffen mit Freunden, eine gemeinsame Mahlzeit mit der Familie oder eine sportliche Aktivität.
- Setze dir angemessene Spielziele: Was möchtest du heute erreichen? Hast du dieses Ziel erreicht, dann höre auf zu spielen statt in einer endlosen Schleife zu versinken.
- Bestimme Prioritäten: Hast du andere Pläne? Dann schiebe diese nicht auf.
- Belohne dich mit Gaming: Spiele erst, wenn du deine Pflichten erfüllt hast.
- Definiere Räume oder Bereiche, in denen du bewusst keine Gaming-Geräte nutzt.
- Hängst du zu stark am Gaming? Dann überlege dir, welche anderen Hobbys oder Beschäftigungen dich ähnlich bereichern könnten. Eine Blockflöte würde mich womöglich auch nicht vom Monitor weglocken, ein spannendes Buch hingegen schon eher.
- Mobile Games: Push-Benachrichtigungen, die versuchen, dich mit allerhand Hinweisen auf Daily Rewards oder Events ins Game zu locken, kannst du ausschalten! Nutze diese Option.
- Ist dein Gaming-Verhalten außer Kontrolle geraten und du bekommst die Situation nicht mehr in den Griff? Dann zögere nicht, professionelle Hilfe zu konsultieren. Auf der Internetseite des Fachverbands Medienabhängigkeit e.V. findest du Angebote und Beratungsstellen rund um das Thema Medienabhängigkeit: https://www.fv-medienabhaengigkeit.de/hilfe-finden/.

KAPITEL 5

SOZIALKAPITAL

Computerspiele waren früher in einer Hinsicht revolutionär: Man konnte allein spielen und trotzdem fand eine Interaktion statt. Während diese Mensch-Maschine-Interaktion in den Anfängen des Computer-Gamings bahnbrechend war, hat sich der revolutionäre Aspekt seit Beginn des browserbasierten Gamings ins genaue Gegenteil gewandelt. Games sind zu einem Treffpunkt echter Menschen geworden. Wer sich einen Gamer also als einsamen Wolf vorstellt, hat mithin weit gefehlt. Viele Spieler von Online-Games sind in Communities verbunden und weltweit vernetzt. Soziale Interaktion zählt mittlerweile zu den zentralen Gründen, warum Online-Games gespielt werden.[86]

Sowohl in einfachen Mobile Games wie *Candy Crush Saga* oder *Clash of Clans* als auch in qualitativ hochwertigen Multiplayer-Spielen wie *GTA*, *Destiny*, *Fortnite* oder *League of Legends* transportieren unterschiedliche Features soziales Leben in den digitalen Raum. Die Gemeinsamkeit dieser Spiele: Sie verfügen über eine Spielerbasis von vielen Millionen. Große Anzahlen an Spielern treten in Echtzeit mit- und gegeneinander an. Laut einer Datenerhebung von activeplayer.io spielten 2023 weltweit monatlich über 230 Millionen Spieler *Fortnite* und über 140 Millionen Spieler *League of Legends*.[87] Mobile Games aus dem Bereich des Casual Gaming wie *Candy Crush Saga* verzeichnen sogar noch weit höhere Anzahlen aktiver Spieler.[88] Die Grundvoraussetzung, um Menschen zusammen zu bringen, ist also mehr als erfüllt.

Apps und Plattformen wie Steam oder der PlayStation Store bieten in unterschiedlicher Ausprägung soziale Funktionen wie Freundeslisten, individuelle Nutzerprofile, Team-Strukturen, Ranking-Systeme für den Leistungsvergleich und Kommunikationsmöglichkeiten über Chats, Headsets und Webcams. Diese Features verleihen den Spielen den Charakter sozialer Netzwerke und ermöglichen den Spielern, neue Kontakte zu knüpfen, bestehende zu vertiefen, Teamwork zu erleben, ein Zugehörigkeitsgefühl zu entwickeln, sich selbst in verschiedenen Rollen und Situationen auszuprobieren und mit anderen zu messen.[89] Kurz: Eine ganze Palette sozialer Bedürfnisse zu befriedigen. Doch soziale Features steigern nicht nur die zwischenmenschliche Interaktion, Spielspaß und -spannung, sondern werden gezielt von Publishern eingesetzt, um das Sozialkapital der Gamer für sich zu nutzen und die Spielerbindung zu erhöhen. Unsere „Lust auf Soziales" und damit verbundene psychologische Mechanismen – wie etwa der Wunsch nach Selbstdarstellung und Gefühle der sozialen Verpflichtung –, eröffnen weitreichende ökonomische Chancen.

SPIELERANZAHL UND UMSÄTZE

Ein entscheidender Faktor für den Erfolg und Umsatz eines Spiels ist die Anzahl der Spieler. Je mehr Spieler gewonnen werden, desto höher ist potenziell der Anteil zahlender Personen. Damit eine möglichst breite Spielerbasis angezogen und das wirtschaftliche Potenzial maximiert wird, werden, wie wir gesehen haben, viele Spiele Free-to-Play angeboten. Klingt auf den ersten Blick widersprüchlich? Ist es aber nicht, denn die Hemmschwelle, ein Spiel gratis auszuprobieren ist wesentlich geringer als bei einem Kauf. Ein nicht zu unterschätzender Faktor, wenn man sich in einem stark umkämpften Markt mit hunderttausenden Spielen durchsetzen will.

Beim Free-to-Play-Modell wird in Kauf genommen, dass ein Großteil der Spieler nie für optionale In-Game-Käufe zahlen wird, denn bei hohen Downloadzahlen sichern bereits zahlende Gamer im einstelligen Prozentbereich riesige Umsätze. Ein Beispiel: Der Free-to-Play-Klassiker *Candy Crush Saga* kommt auf über 2,7 Mrd. Downloads, ca. 273 Mio. Menschen spielen *Candy Crush* mindestens einmal im Monat. Gehen wir davon aus, dass monatlich „nur" 5 % dieser Spieler knapp über 6,00 Euro ausgeben, so erklärt sich der reale Umsatz des Spiels von unfassbaren 1,02 Mrd. US-Dollar in 2023, der primär durch den Verkauf von In-Game-Items erwirtschaftet wurde.[90] In Free-to-Play-Spielen geht es also nicht darum, dass alle zahlen – selbst extrem geringe Nutzeranteile können zu hohen Umsätzen führen.

Neben dem unmittelbaren Umsatz durch In-Game-Käufe steigt mit der Größe der Spielerbasis auch die Menge an gesammelten Daten und die potenzielle Zielgruppe für Werbung. Auch hiermit lässt sich je nach Monetarisierungsmodell Geld verdienen. Entsprechend hoch ist das Interesse, möglichst viele Menschen ins Spiel zu locken.

PYRAMIDENSYSTEME: VERKAUF UNS DEINE FREUNDE!

„Freunde werben & Prämie sichern!" – über diesen oder ähnliche Slogans bist du bestimmt schon gestolpert. Sei es bezogen auf ein Zeitungsabo, eine Mitgliedschaft im Fitnessstudio oder das Abschließen von Telefonverträgen. Für geworbene Freunde winken Rabatte, Barprämien, nützliche und unnütze Sachprämien vom Wanderrucksack bis hin zum Tischkrümelkehrer. Ähnlich diesem altherkömmlichen Modell animieren auch Games ihre Spieler dazu, Freunde zur Teilnahme zu motivieren. Durch Funktionen in den Spielen lassen sich Einladungen per Facebook Messenger, WhatsApp, SMS usw. an sämtliche Kontakte versenden. Im Mobile Game *Coin Master* erhält der Kontakt dann beispielsweise eine Nachricht mit dem Text „Spiele Coin Master mit mir!" sowie einen Preview

Link, der als „Freundschaftsanfrage“ betitelt ist und ein zentrales Motiv aus dem Spiel zeigt.[91] Per Klick landet man auf einer Seite, in der die Download-Möglichkeiten im Google Play Store und im Apple App Store verlinkt sind.

Für das Einladen unserer Freunde wird man gemäß des klassischen „Kunden-werben-Kunden“-Modells mit attraktiven Boni wie In-Game-Währung, Items und teilweise sogar längerfristigen Spielvorteilen entlohnt. Jeder profitiert also unmittelbar davon, wenn er Freunde ins Spiel holt. Der einladende Gamer wird zu einem Rädchen im Getriebe der Marketingstrategie, denn die Nutzung seiner Kontakte trägt zum Aufbau und Erhalt einer großen, lebendigen Spielerbasis bei. Die Spielerschaft wächst quasi „automatisiert“, Gamer „rekrutieren“ neue Spieler und diese rekrutieren wiederum neue. So setzt sich das weiter fort und führt bestenfalls zu einem exponentiellen Wachstum der Spielerpopulation. Marketing-Kosten, die beim Schalten von Werbung seitens der Gaming-Anbieter entstehen würden, können so deutlich reduziert werden bzw. entfallen ganz. Kritische Stimmen sprechen in diesem Zusammenhang von „sozialen Schneeball- bzw. Pyramidensystemen“, insbesondere dann, wenn Gamern konkrete Vorteile für das Rekrutieren neuer Spieler angeboten werden.[92]

Ein sehr bekanntes Beispiel für diese Vorgehensweise ist die Ursprungsversion des Social Games *FarmVille*. In diesem Fall war das Rekrutieren von Freunden geradezu unverzichtbar. Um einen signifikanten Spielfortschritt zu erzielen, benötigte man möglichst viele Freunde als „Nachbarn“, die einen bei verschiedenen Aufgaben, wie bei der Pflege der Farm, unterstützten. Man musste also möglichst viele Freunde überreden, in *Farmville* „einzuziehen“, sprich mitzuspielen. Verweigerte man dies, so blieb nur die Investition von Echtgeld, um im Spiel vorwärts zu kommen. Nach ähnlichem Muster verfahren auch die Nachfolger des Klassikers, *FarmVille 2* und *FarmVille 3*.

Es wird davon ausgegangen, dass viele Menschen solchen Einladungen aufgrund sozialer Erfahrungen und Verpflichtungen folgen, die ihren Ursprung in der realen Welt haben. Die Lust auf das Spiel an sich ist für die Entscheidung, eine solche Einladung anzunehmen, erstmal zweitrangig.[93] Werden wir von einer uns persönlich bekannten Person eingeladen, tritt das Prinzip der Freiwilligkeit in den Hintergrund, während Verpflichtungsgefühle und soziale Erwünschtheit an Gewicht gewinnen. Ist der andere beleidigt, wenn ich die Einladung nicht annehme? Die Auswirkungen unseres Handelns werden abgewogen ...

Jeder geworbene Spieler trägt nicht nur zur Bevölkerung der Spielwelt bei, sondern birgt auch das Potenzial, ein weiterer zahlender Kunde zu werden und neue Spieler zu werben. Es lohnt sich also, das Sozialkapital der Spieler zu nutzen, wenn man Geld verdienen will. Während sich die Entwickler entspannt zurücklehnen können, tragen die Gamer durch das Rekrutieren neuer Spieler signifikant zum Erfolg und Umsatzwachstum des Spiels bei. Doch dem nicht genug, denn die Vernetzung mit Freunden im Spiel hat einen „Nebeneffekt": Menschen, die sozial in einem Spiel vernetzt sind, zocken häufiger und länger. Wer seine Freunde ins Spiel holt, verstärkt seine eigene Bindung an das Spiel. Eine Folge davon können längere Spielzeiten sein. Besser kann es für Publisher nicht laufen!

FRIEND SPAM: „KURZ MAL" DIE IDENTITÄT AUSLEIHEN

Nicht immer ist die Ansprache der persönlichen Kontakte eine eigene aktive Entscheidung. Beim sogenannten „Friend Spamming" wird einerseits der Zugriff auf unsere Kontakte und andererseits das Vertrauen unserer Kontakte in uns ausgenutzt. Der international wohl bekannteste Fall von Friend Spamming wurde vom US-amerikanischen Business-Netzwerk *LinkedIn* initiiert: Das Unternehmen ließ sich von seinen Nutzern den Zugriff auf ihre E-Mail-Kontaktlisten genehmigen und versandte anschließend in deren Namen Netzwerk-Einladungen. Für die Empfänger sah es aus, als hätten sie eine persönliche Einladung der entsprechenden Person erhalten. Tatsächlich handelte es sich aber um automatisierte E-Mails von LinkedIn. Ich bin damals selbst auf die Einladung von *LinkedIn* reingefallen und sämtliche meiner Kontakte – wie weitläufig auch immer – erhielten eine Einladung von „mir". Im Jahr 2013 wurde *LinkedIn* in den USA für diese Vorgehensweise verklagt und zahlte auf Basis eines außergerichtlichen Vergleichs eine Entschädigung von 13 Mio. US-Dollar an die klagenden Parteien.[94] Nichtsdestotrotz versendet *LinkedIn* in Deutschland auch im Jahr 2024 immer noch Mails unter dem Namen von Mitgliedern mit dem Betreff „Ich warte immer noch auf Ihre Antwort!", wenn man Nachrichten oder Kontaktanfragen längere Zeit unbeantwortet lässt.

In Social Games sind ähnliche Vorgehensweisen zu Marketingzwecken gängige Praxis. Wie ich im Kapitel 9 zum Thema „Daten" detailliert aufzeige, verlangen manche Spiele weitreichende Zugriffsrechte auf Konten und Kontaktlisten in sozialen Netzwerken. Genehmigen wir den Zugriff, kann dies dazu führen, dass ein Spiel (bzw. die entsprechende App) an unserer Social-Media-Pinnwand postet oder Messages an unsere Kontakte versendet.[95] Klassischerweise wird in allen Inhalten das jeweilige Spiel beworben. Für unsere Kontakte kann es durch die Nutzung einer persönlichen Ansprache so aussehen, als hätten wir den Post oder die Mail persönlich verfasst: „Hey Wendy, ich spiele jetzt dieses tolle neue Spiel… Mach doch auch mit!"[96]

Aus welchem Grund wird so verfahren? Ganz einfach: Wie bereits dargestellt, fühlen wir uns schnell verpflichtet, Einladungen uns persönlich bekannter Menschen anzunehmen. Hinzu kommt ein weiterer Aspekt: Vertrauen! Eine internationale Erhebung des Marktforschungsunternehmens Kantar zeigt, dass 93 % aller Menschen Freunde und Familie als die vertrauenswürdigste Quelle einstufen, wenn es um Informationen über Produkte, Dienstleistungen oder Marken geht.[97] Mit 91 % belegen Bewertungsportale im Internet den zweiten Platz, wohingegen Werbung mit nur 38 % am schlechtesten abschneidet und damit als am wenigsten vertrauenswürdige Quelle gilt. Einladungen oder Empfehlungen uns nahestehender Kontakte besitzen folglich einen extrem hohen Wert für Werbezwecke. Diese werden beim Friend Spamming suggeriert und es wird darauf spekuliert, dass Menschen ihren persönlichen Kontakten vertrauen und sich an ihnen orientieren.

Wie wir sehen: Nichts ist gratis! Hier zahlen wir mit unserem guten Namen, unseren sozialen Kontakten und der Möglichkeit, diese zu erreichen. Unangenehm wird es für den „Absender" zumindest dann, wenn er nicht öffentlich mit dem Spiel in Verbindung gebracht werden möchte oder seine Kontakte negativ auf unerwünschte „Werbung" reagieren.[98] Social-Media-Anbieter wie Facebook haben hier im Sinne des Verbraucherschutzes bereits nachgebessert, aber es bleibt wichtig, Zugriffsrechte genau zu prüfen und ihre potenziellen Auswirkungen zu verstehen.

SOCIAL PROOF: DIE ANDEREN MACHEN'S DOCH AUCH!

Mit dem Thema „Empfehlungen" stecken wir schon mittendrin in der wundersamen Welt der „Social Proofs".[99] Social Proof kann man ins Deutsche mit „sozialer Beweis" übersetzen. Sie dienen uns als Orientierung. Im Alltag kann man oft beobachten, dass Menschen Verhaltensweisen anderer übernehmen, wenn sie diese als angemessen oder vorteilhaft erachten. Liegen zwei Eisdielen nebeneinander, von denen eine leer und die andere gut besucht ist, entscheiden sich die meisten für die gut besuchte Eisdiele. Viele Gäste gelten als Beweis für gute Qualität. Aus demselben Grund sorgen manche Nachtclubs dafür, dass vor der Tür eine Menschenmenge auf Einlass wartet, obwohl auf der Tanzfläche noch genügend Platz ist. Mengen ziehen Mengen an. Die Wirkung von Social Proofs konnte in einer Vielzahl von Studien nachgewiesen werden. Wer tiefer in das Thema eintauchen möchte, dem empfehle ich Roberto Cialdinis Buch „Influence – The Psychology of Persuasion".[100]

Kurz gesagt, sind die Handlungen anderer ein potenziell starker Einflussfaktor für unser eigenes Verhalten. Im Marketing ist Social Proofing daher schon lange ein häufig eingesetztes Mittel. Testimonials von Experten, Promis und Kunden zeigen uns, dass „echte" Menschen von einem Produkt begeistert sind. Aussagen wie „Unser beliebtestes Produkt!" oder „Mehr als eine Million User können nicht irren!" sind klassische Beispiele. Gerade im digitalen Raum stellen Social Proofs eine wichtige Orientierungsgröße und ein zentrales Marketinginstrument dar. Vor dem Hintergrund von Zeitknappheit und ständiger Informationsflut verlassen sich Menschen auf stark vereinfachte Informationen wie Kundenbewertungen, Download-Zahlen, Follower und Likes, um sich in den Untiefen des Internets und seiner Angebotsvielfalt zu orientieren. Bewertungssysteme wie wir sie auf Amazon, Booking.com, im Apple App Store oder Google Play Store finden, sind deshalb so beliebt. Ganze 90 % der Konsumenten achten auf Online-Bewertungen, bevor sie eine Entscheidung fällen.[101] Interessanterweise beeinflussen positive Kundenbewertungen und hohe Download-Zahlen nicht nur unsere Kaufentscheidungen, sondern auch unsere eigene Bewertung von Produkten.[102] Insofern verwundert es nicht, dass Bewertungen zu Marketingzwecken gerne manipuliert werden und nicht von echten Kunden stammen.[103] Im Gaming werden Social Proofs vielfältig eingesetzt, um unser Verhalten in eine bestimmte Richtung zu lenken. Drei Beispiele verdeutlichen diese Strategie:

Eine gängige Methode ist die Kommunikation „großer Zahlen". „Ach du grüne Eule! 85 % der Spieler haben in diesem Level einen Booster eingesetzt!"[104] Diese Nachricht erscheint in *Candy Crush Saga* nach manchen nicht erfolgreich abgeschlossenen Levels. Sie wird von Angeboten für Booster oder Extra-Spielzüge begleitet, die helfen sollen, den Level doch noch zu meistern. Was bedeuten diese 85 %? Sie vermitteln den Eindruck, dass dieser Level ohne Hilfsmittel für die meisten Spieler nicht zu schaffen ist. Die implizite Botschaft ist klar: Die Lösung für das Problem ist der Kauf eines Boosters. Da die Mehrheit der Spieler bereits einen Booster genutzt hat, werden wir wahrscheinlich auch einen benötigen. Warum also nicht gleich einen kaufen?

Ein weiterer Social Proof besteht in der Veröffentlichung von Käufen und Gewinnen. Spiele informieren die Spieler darüber, wie viele Personen bestimmte In-Game-Käufe getätigt haben oder wer ein seltenes Item gewonnen hat.[105] In *Royal Match* werden Teammitglieder benachrichtigt, wenn jemand einen zahlungspflichtigen Pass aktiviert. In *Neverwinter* wird im Weltchat angezeigt, wenn jemand eine Lootbox kauft und ein seltenes Tier gewinnt. Diese Informationen erzeugen die Illusion, viele Spieler würden tatsächlich Geld in das Spiel investieren und lassen uns den Anteil glücklicher Gewinner höher einschätzen als er tatsächlich ist. Die Realität wird hier grob verzerrt, denn in vielen Spielen aus dem Free-to-Play-Segment gibt nur ein kleiner Anteil an

Spielern tatsächlich Geld aus und auch die Gewinnchancen seltener Items sind teilweise verschwindend gering. [106]

Social Proofing erfolgt in Pay-to-Win-Spielen auch direkt im Spielgeschehen, wie eine Patentanalyse des australischen Forschers Daniel L. King zeigt: Nichtzahlende Spieler werden gezielt mit zahlenden Spielern zusammengebracht, um dort beobachten zu können, wie positiv sich beispielsweise eine zahlungspflichtige Waffe auf den Spielverlauf des zahlenden Gamers auswirkt.[107] Die eigene Gratis-Knarre erscheint anschließend in einem schlechteren Licht. Laut King können solche Beobachtungen ausschlaggebend dafür sein, dass Menschen beginnen, selbst Geld ins Spiel zu investieren, Geldausgaben zu erhöhen bzw. diese längerfristig aufrechtzuerhalten.[108] Eine ähnliche Vorgehensweise findet sich in *Call of Duty: Black Ops 6*: Nach jedem Match wird eine Sequenz gezeigt, in der Spieler ihre individuellen Skins und Emotes präsentieren. Während dieser Phase ist es nicht möglich, ins Hauptmenü zurückzukehren, wodurch die Premium-Items der anderen Spieler zwangsläufig betrachtet werden müssen, was den Kaufanreiz steigern soll. Da wir Entscheidungen oft auf Erfahrungen und Verhaltensweisen anderer stützen, dienen uns solche Social Proofs als Beweis: „Alle anderen machen es auch, also lohnt es sich.“ Das Ziel ist erreicht, wenn Nachahmung ausgelöst wird. Also Augen auf: Triffst du eine eigenständige, rationale Entscheidung oder beeinflusst dich ein geschickt platzierter Social Proof?

REZIPROZITÄT: WIE DU MIR, SO ICH DIR!

Gute Neuigkeit: Wendy hat dir ein Extra-Leben geschenkt! Dieses oder ähnliche Messages sind in Games nichts Ungewöhnliches. In vielen Spielen wie *Pokémon Go, Fortnite, Clash of Clans* oder *Candy Crush Saga* können unter der Spielerschaft Skins, Extra-Leben und andere Ressourcen verschenkt oder geteilt werden. Erhält man ein Geschenk, so wird man umgehend und automatisiert über die großzügige Handlung informiert. Auf den ersten Blick ein freudiges Ereignis! Doch wie reagieren wir auf ein solches Geschenk? Wir fühlen uns verpflichtet, diese Nettigkeit zu erwidern. In Psychologie und Soziologie spricht man hierbei von Reziprozität, einem fundamentalen Prinzip zwischenmenschlicher Beziehungen.[109] Auf eine freundliche Aktion reagieren wir mit einer ähnlichen Handlung.

Im Gaming wird das Gefühl, etwas zurückgeben zu müssen, strategisch genutzt. Durch gewisse Mechanismen wird versucht, den Reziprozitäts-Effekt möglichst oft auszulösen. Spieler erhalten Geschenke von anderen und sollen im Idealfall mit Gleichwertigem darauf reagieren. Wer ein Geschenk erhält, schenkt eins zurück. Eine solche Handlung geht naturgemäß mit einer Veränderung der eigenen Ressourcen einher, für die man mitunter zuvor Zeit und Geld investiert hat. Verschenkt man diese, so werden erneut Zeit oder Geld erforderlich, um diese für das eigene Spiel wiederherzustellen. Schwierig ist dieser Kreislauf besonders für Spieler, die keine Ressourcen abzugeben haben. Scham oder Angst, in der Community schlecht dazustehen, können diese Spieler trotz Zeit- und Geldknappheit dazu bringen, verschenkbare Ressourcen zu erspielen oder zu kaufen, um aus der emotionalen Zwickmühle herauszukommen. Eine Untersuchung mit über 1.000 Spielern des MMORPG *Sky: Children of the Light* zeigt, dass solche Gefühle begründet sind. Spieler, die viel zurückgeben, haben einen wesentlich höheren sozialen Status als jene, die dies nicht tun.[110] Die Reaktion auf ein Geschenk hat also soziale Konsequenzen, was den meisten Spielern bewusst ist.

Ein interessantes Beispiel für Strategien, die Reziprozität fördern, sind die sogenannten „Team-Angebote" im Casual Game *Royal Match*. Wer Mitglied eines Teams ist und ein solches Angebot kauft, erhält In-Game-Währung und eine Auswahl anderer Items. Gleichzeitig erhält jedes Teammitglied (bis zu 49 Personen) für diesen Kauf ein „Goodie". Beim „Goldteamangebot" z. B. unendlich viele Leben während der nächsten 60 Minuten. Mit einem einzigen Kauf kann mithilfe solcher Strategien bei bis zu 49 anderen Spielern potenziell der Impuls geweckt werden, sich in irgendeiner Weise für das Geschenk revanchieren zu müssen bzw. dem Team ebenso „mal etwas Gutes zu tun".

Trickreich wird es besonders, wenn unsere fiktive Spielerin Wendy – ähnlich wie beim Friend Spam – gar nichts geschenkt hat, sondern das Spiel dies nur suggeriert, um einen Kreislauf von Schenken und Beschenktwerden auszulösen. Solche Fälle wurden in der Vergangenheit dokumentiert.[111] Der Kreislauf von Schenken und Beschenktwerden sowie das damit verbundene Erwirtschaften oder Kaufen von Ressourcen wird so zu einer zusätzlichen Einnahmequelle für Spieleentwickler.

DIE AMBIVALENZ VON RANKINGS: SOZIALE VERGLEICHE

Stell dir vor, du spielst zehn Runden *Vier Gewinnt* gegen einen Bot und gewinnst davon sechs. Nicht schlecht, oder? Aber Moment mal! Eigentlich sagt das gar nichts aus … Denn um deine Leistung wirklich beurteilen zu können, müsstest du wissen, wie oft andere Spieler gegen den Bot gewinnen. Ein Großteil der Menschen hat das Bedürfnis, eigene Leistungen und Fähigkeiten möglichst genau einschätzen zu wollen. Dies belegt die in vielfachen Studien nachgewiesene „Theorie des sozialen Vergleichs" des Psychologen Leon

Festinger.[112] Selbst wenn uns sehr genaue Informationen über unsere eigene Leistung vorliegen, konkretisieren wir sie gerne durch den Vergleich mit anderen.[113] Diese Verhaltensweise hat einen evolutionären Ursprung. Sie dient der Orientierung, wo wir in einer Gruppe stehen und ob wir unser Verhalten oder unsere Leistung ändern müssen.

Genau dieses Bedürfnis nach Vergleich bedienen Ranking-Systeme in Games. Je nach Spiel bestimmen Punkte, Level, Medaillen, Anzahl der Siege, Auszeichnungen, virtuelle Vermögenswerte und vieles mehr unsere Position in einer Rangliste. Jeder Spielausgang, sei es ein Erfolg oder Misserfolg, beeinflusst die Platzierung. Studien zeigen, dass Ranking-Systeme in manchen Spielen wie beispielsweise MMOGs der Hauptgrund für Cybermobbing sind – ihre soziale Relevanz und Tragweite kann entsprechend enorm sein.[114] Wem der Druck solcher Systeme widerstrebt, der findet in vielen Games einen parallelen Spielmodus ohne Leistungsvergleich, in dem man unsichtbar für andere spielen und entspannt üben kann.

Kehren wir kurz zu unserem *Vier Gewinnt*-Szenario zurück und fügen eine Rangliste hinzu. Auf Platz 18 von 20 entdeckst du deinen Namen. Uff, ernüchternd! Immerhin nicht Letzter, aber gut fühlt sich das auch nicht an. Bei vielen weckt dies Ehrgeiz und Motivation. Mal sehen, was du in den nächsten drei Spielrunden noch rausholen kannst! Insbesondere wettbewerbsorientierte Gamer empfinden solche Ranking-Systeme als sehr motivierend und spannend. Wettbewerb ist für diese Gruppe der Hauptgrund für die Teilnahme an einem Spiel und Ranglisten können diese Spieler dazu bringen, mehr zu spielen, härter zu kämpfen, zu trainieren und möglicherweise sogar Geld auszugeben, um ihre Position in der Rangliste zu verbessern. Der Vergleich befeuert ihr Spielverhalten und wird so zur Chance für die Gaming-Industrie.

DER REIZ DES VERGLEICHS MIT FREUNDEN UND BEKANNTEN

Nach Banduras Theorie des sozialen Vergleichs vergleichen wir uns besonders gerne mit Menschen, die uns ähnlich sind. „Ähnlichkeit" bezieht sich hierbei immer auf Merkmale, die sich direkt auf die Aufgabe beziehen, die wir erfüllen wollen. Dem wird in Games Rechnung getragen, indem wir gegen Menschen antreten, die auf einem ähnlichen Leistungsniveau spielen wie wir selbst. Eine ganz besondere Dynamik entsteht allerdings, wenn wir uns mit Freunden, Familie oder Kollegen messen und unsere Spielresultate für diese sichtbar sind. Persönliche Beziehungen und die damit verbundenen Wünsche und Erwartungen beeinflussen unser Spielverhalten. Wir haben mehr Informationen und emotionale Verbindungen zu diesen Menschen, wodurch Vergleiche und

Spielresultate interessanter werden. Wenn wir unsere eigene Leistung betrachten, stellen wir sie der unserer Freunde gegenüber und sehen sie in einem größeren Kontext.

Ein plakatives Beispiel: Vielleicht ist dein Ex-Freund oder deine Ex-Freundin dabei, die dich damals so übel abserviert hat? Oder der Typ, der dich ständig auf dem Sportplatz überrundet? Und es fehlen nur 50 Punkte, um jubelnd an ihnen vorbeizuziehen? Mit ein paar zusätzlichen Versuchen könntest du es schaffen, oder du investierst einfach 1,99 Euro in ein paar Booster und der Sieg ist dir sicher. Es ist nur allzu menschlich, zumindest kurz darüber zu grübeln, und ein gewisser Prozentsatz wird sich wahrscheinlich für diese „Investition“ entscheiden.

SPIELEN IN COMMUNITIES: TEAMS, SQUADS, GILDEN, CLANS

Die Vernetzung in Communities, Teams, Gilden und Clans ist ein zentrales Merkmal moderner Spiele. Die Spielerfahrung wird durch diese Gemeinschaften intensiviert und Spielern wird die Möglichkeit geboten, sich mit Gleichgesinnten auszutauschen, Zugehörigkeit und Teamwork zu erleben, sowie gemeinsam für ein Ziel zu kämpfen. Die Dynamik in solchen Gruppierungen variiert je nach Spiel erheblich. Teams in Casual Games sind oft nur locker verbunden, mit geringer Komplexität in der Koordination. Im Gegensatz dazu sind Gilden, die vor allem in MMORPGs wie *World of Warcraft* bestehen, stark vernetzte, engagierte Gemeinschaften, in denen ein intensiver Austausch und eine enge Zusammenarbeit stattfinden. Zahlreiche Studien widmen sich dem Thema der sozialen Beschaffenheit und Funktionsweise solcher Gruppierungen.[115] Im Fokus stehen hierbei meist erworbene Lerneffekte, die auch in anderen Lebensbereichen von Relevanz sind, z. B. sozial-kommunikative Fähigkeiten und Führungskompetenzen wie die Organisation und Motivation großer Gruppen, Terminplanung und das Delegieren von Aufgaben.[116] Eine Persönlichkeit, die in diesem Zusammenhang Bekanntheit erlangte, ist Stephen Gillett, der in Bewerbungen seinen Gildenführerstatus in *World of Warcraft* angab, um seine Führungsfähigkeiten zu belegen. Gillett wurde schließlich Chief Information Officer bei Starbucks.[117] Also falls du dich selbst bewirbst oder auf Mitarbeitersuche bist: Laut Harvard Business Review sollten komplexe Führungsrollen in Games mehr gewürdigt und durchaus zum Hervorheben der eigenen Kompetenzen genutzt werden.[118]

Die Zusammenarbeit in solchen sozialen Gruppierungen kann Spieler dazu anspornen, ihr Bestes zu geben und ihr volles Potenzial auszuschöpfen, doch es gibt ebenso eine Schattenseite. Im Umfeld dieser Gemeinschaften kann sozialer

Druck entstehen, der einen enormen Einfluss auf das Spielverhalten Einzelner haben kann. Oftmals entsteht dieser Druck nicht durch das Spiel selbst, sondern durch „äußere Faktoren“ wie Erwartungshaltungen und Forderungen von Gruppenmitgliedern sowie persönliche Merkmale eines jeden Einzelnen wie Ehrgeiz, Pflichtbewusstsein oder dem Wunsch nach sozialer Anerkennung. Insbesondere in Gruppen, die in stark wettbewerbsorientierten Spielen agieren, kann die Belastung besonders hoch sein, da hier gemeinsame Ziele erreicht werden sollen, die über einen längeren Zeitraum und teilweise unter großen Anstrengungen verfolgt werden. Zahlreiche online veröffentlichte Erfahrungsberichte von Gamern und auch Studien verweisen darauf, dass hier ein erheblicher Leistungs- und Leidensdruck entstehen kann.[119] Eine Studie belegt diese Erfahrung auch für die Zielgruppe Kinder und Jugendliche.[120]

Die Gaming-Industrie profitiert von der Bereitstellung der Strukturen für solche Gemeinschaften, ist jedoch nicht allein verantwortlich für negative Auswirkungen. Problematisch wird es allerdings, wenn Game Designs Gruppenaktivitäten übermäßig mit Pay-to-Win- und Playing-by-Appointment-Mechaniken verknüpfen. Unter dem Druck der Gruppe können Spieler dazu neigen, Zeit und Geld über gesunde Grenzen hinweg zu investieren.

Nachdem wir die Bedeutung und Wirkung des Sozialkapitals in Online-Spielen beleuchtet haben, werfen wir nun einen Blick auf eine der zentralen wirtschaftlichen Strategien, die dieses Kapital nutzt: die Monetarisierung durch In-Game-Shops.

TIPPS

- Mach dir bewusst, dass du dich stärker an das Spiel bindest, wenn du deine eigenen Kontakte ins Spiel einlädst.
- Prüfe die Datenschutzrichtlinien und vermeide das Teilen von Kontaktlisten, wenn du dem Publisher nicht traust.
- Mit anderen zu spielen ist toll, doch Online-Buddys können persönliche Sozialkontakte nicht vollständig ersetzen.
- Beobachte dein eigenes Verhalten: Üben soziale Komponenten in Spielen Druck auf dich aus? Falls ja: Was müsste sich ändern, damit du besser damit umgehen kannst?
- Hinterfrage deine Beweggründe für In-Game-Käufe und lange Spielzeiten, wenn diese im Kontext von Gruppenaktivitäten stattfinden.
- Für Eltern und pädagogische Fachkräfte: In Online-Spielen ist oft schwer

erkennbar, mit wem Minderjährige spielen und kommunizieren. Eine nicht zu unterschätzende Gefahr ist Cybergrooming, das von Kindern und Jugendlichen nicht immer erkannt wird. Erwachsene nehmen hierbei gezielt Kontakt mit Kindern auf, um ihr Vertrauen zu gewinnen und sie psychisch und/oder sexuell zu missbrauchen. Kinder sollten daher dringend dafür sensibilisiert werden, dass Online-Interaktionen mit Fremden und das Teilen persönlicher Informationen gefährlich sein können und vermieden werden sollten. Anzeichen von Cybergrooming sollten stets den Anbietern gemeldet werden. Auf diversen Geräten und Plattformen können technische Jugendschutzprogramme („Parental Control") aktiviert werden, die den Zugang zu Chats einschränken. Auch die USK bezieht Kommunikations- und Kontaktmöglichkeiten bei ihren Alterskennzeichnungen mit ein.

KAPITEL 6

IN-GAME-KÄUFE: WIE BEGEHRLICHKEITEN ENTSTEHEN

PAY-TO-WIN

PAY-TO-SKIP UND PAY-TO-PROGRESS

PAY-TO-IMPRESS

KÜNSTLICHE VERKNAPPUNG: VON SELTENHEITSGRADEN UND COUNTDOWN-TIMERN

SCHNEE VON GESTERN: DYNAMIK UND FÜLLE VON ANGEBOTEN

AVATARE UND IHR EINFLUSS AUF DIE KAUFBEREITSCHAFT

TIPPS

Egal ob PC, Spielkonsole oder Smartphone – das Geschäftsmodell der In-Game-Käufe ist in einem Großteil der Online-Spiele fest verankert und mittlerweile der bedeutendste Umsatztreiber der Gaming-Branche. Gerade in Free-to-Play-Spielen sind In-Game-Käufe nahezu allgegenwärtig, da sich viele dieser Spiele hauptsächlich hierüber finanzieren. Dennoch integrieren auch kostenpflichtige Games immer häufiger Zusatzangebote, für die weitere Zahlungen erforderlich sind.

Von allen Spielern tätigen 87 % optionale In-Game-Käufe, wobei der Anteil zahlender Spieler unter den Konsolen-Gamern am höchsten und den Mobile Games-Spielern am niedrigsten ist.[121] Besonders im Mobile-Segment variiert die Zahlungsbereitschaft stark je nach Spielgenre. Role Playing Games verzeichnen einen wesentlich höheren Anteil zahlender Spieler als beispielsweise Hyper Casual Games, in denen Schätzungen zufolge über 90 % der Spieler nicht bereit sind zu zahlen.[122] Sogenannte Whales, die lediglich 2 bis 5 % der Gaming-Bevölkerung ausmachen, investieren die höchsten Geldbeträge in Spiele – manche bis zu einer Million US-Dollar jährlich![123] Trotz ihrer geringen Zahl tragen Whales signifikant zum Gesamtumsatz der Branche bei und finanzieren bei Free-to-Play-Games den Spielspaß Tausender nicht zahlender Gamer.

In vielen Spielen führt der „Core Loop", also die Hauptereignisschleife, regelmäßig in die In-Game-Shops. So müssen Belohnungen, Geschenke oder Boni oftmals in diesen digitalen Schlaraffenländern abgeholt werden, wo man dann mit allerhand verlockenden Angeboten konfrontiert wird. Neben Abomodellen, Season Passes und Battle Passes, umfassen In-Game-Käufe sämtliche virtuelle Güter, die innerhalb eines Spiels gekauft werden können. Die Produktpalette ist breit und variiert zwischen den einzelnen Spielgenres. Was letztendlich gekauft wird, hängt maßgeblich vom Genre sowie den individuellen Vorlieben und Bedürfnissen eines Spielers ab. Ist jemand sehr kompetitiv veranlagt, investiert er eher in Angebote, die den Sieg wahrscheinlicher machen, ein sozial interessierter Spieler zahlt hingegen lieber für Komponenten, die seinen virtuellen Auftritt oder sein soziales Leben im Spiel fördern.[124] Allgemein können die Angebote in dauerhafte Güter und in Verbrauchsgüter unterteilt werden. Dauerhafte Güter wie dekorative Elemente bleiben nach einmaliger Anschaffung verfügbar, während Verbrauchsgüter wie In-Game-Währung, Energie oder Extra-Leben im Spielverlauf aufgebraucht und immer wieder neu erworben werden müssen. Typische Angebote sind:

- In-Game-Währungen wie Münzen, Edelsteine oder Gold, die notwendig sind, um weitere Käufe tätigen zu können.
- Dekorative Elemente wie Skins, die das Aussehen von Charakteren oder Waffen visuell verändern.

- Leistungsbezogene Inhalte wie Booster oder Power-Ups – beispielsweise „Ultrafarbbomben“ oder der „Trübe Trank des Goblin-Schnetzelns“, die den Erfolg im Spiel positiv beeinflussen.[125]
- Beschleuniger wie Extra-Leben, durch die Herausforderungen, Wartezeiten oder Level beschleunigt oder übersprungen werden.

Die Angebote reichen über die Teilnahme an Glücksspielsimulationen bis hin zu sogenannten Quality-of-Life-Inhalten, die dazu dienen, das allgemeine Spielerlebnis zu verbessern oder bequemer zu gestalten. Bei Mobile Games, die Werbung beinhalten, winken zudem werbefreie Abos. Die Liste ist lang … Manche Shop-Inhalte können auch durch Spielfortschritte gewonnen werden, sodass nicht immer ein Kauf notwendig ist, jedoch erweist sich dies häufig als ein sehr zeitintensives Unterfangen.

Zusammengefasst: Durch In-Game-Angebote werden Spiele in viele einzeln erwerbbare Einheiten unterteilt und auf schlaue Art und Weise vermarktet.[126] Im Spielverlauf werden Bedürfnisse geweckt, es entstehen mitunter Probleme und Nachteile, deren schnelle Lösung dann – ganz zufällig – nur einen In-Game-Kauf entfernt ist. Der tatsächliche Preis, den man letztendlich für ein Spiel zahlen wird, ist also flexibel. Hereinspaziert in die schillernde Welt der In-Game-Shops!

PAY-TO-WIN

Es existieren zahlreiche Strategien, die Begehrlichkeiten bei Gamern wecken. Angebote in den Shops tragen dann zum Stillen dieser Bedürfnisse bei und haben einen positiven Einfluss auf die Spielerfahrung. Eine dieser Strategien firmiert unter dem Begriff Pay-to-Win: Spieler erschaffen sich durch den Kauf virtueller Gegenstände einen spielerischen Vorteil gegenüber denjenigen, die nicht zahlen können oder wollen. Statt durch „Skill“, also besondere spielerische Fähigkeiten zu gewinnen, wird für leistungsstärkere Charaktere, Waffen, Ausrüstungen oder Beschleuniger bezahlt, die den Sieg in greifbare Nähe rücken. Ein viel diskutiertes Beispiel einer Pay-to-Win-Strategie ist die Fußball-Reihe *EA Sports FC* (früher: *EA Sports FIFA*). Durch Zahlungen besteht die Möglichkeit, sich ein Team mit überlegenen Fußballspielern aufzubauen, was die Balance und Fairness im Spiel nachhaltig aus dem Gleichgewicht bringen kann. Wir betrachten dieses Beispiel genauer im Kapitel 8 (Glücksspielsimulationen).

Da Wettbewerb einer der Hauptnutzungsgründe vieler Gamer ist und ihre Rangplätze bzw. Siege für andere Spieler einsehbar sind, kann die Motivation, in solche Angebote zu investieren, seitens einzelner Gamer extrem hoch sein. Publisher erachten diese Art der Monetarisierung als legitim – eine Gratwanderung zwischen Profit und fairem Wettbewerb. In einigen Teilen der

Gaming-Community ist Pay-to-Win stark verpönt und kann Frust, Druck und eine Beeinträchtigung des sozialen Miteinanders auslösen. Nichtsdestotrotz sind Pay-to-Win-Angebote extrem lukrativ.

PAY-TO-SKIP UND PAY-TO-PROGRESS

Diese Monetarisierungsstrategien basieren u. a. auf der Wait-to-Play-Mechanik, die ich in Kapitel 4 dargelegt habe. Hierbei wird das Spielgeschehen gezielt verlangsamt oder unterbrochen. Teilweise ist man aufgrund sehr langer Wartezeiten schlicht und einfach handlungsunfähig – beispielsweise, weil alle Leben aufgebraucht sind und erst nach einer gewissen Dauer neue Leben zur Verfügung stehen. Oder man muss über längere Zeiträume immer wieder die gleiche stupide Handlung, wie Grinden oder Farmen, durchführen, um sich dem nächsten Ziel zu nähern. Die Diskrepanz zwischen Spiel- und Wartezeiten führt bei vielen Spielern zu Ungeduld. Und genau diese Emotion wird zum Kaufmotiv, denn die lästigen Wartezeiten können durch Zahlungen verkürzt oder beendet werden. Sobald Geld fließt, nimmt das Spiel wieder Fahrt auf. Professor Jochen Koubek verweist in seiner Studie zum Thema Monetarisierung auf ein besonders krasses Beispiel basierend auf Berechnungen des YouTubers Paul Schulte vom Kanal „Ultralativ“. Eine Stunde Spielzeit in *Harry Potter: Hogwarts Mystery* kann mit satten 44 Stunden Wartezeit oder, je nach gewähltem Tarif, mit einer Zahlung von bis zu 50 Euro verbunden sein.[127] Im Kern kauft man sich mit Pay-to-Skip seine eigene Freizeit zurück!

PAY-TO-IMPRESS

Selbstinszenierung ist in unserem Alltag allgegenwärtig. Angefeuert von Werbung, sozialen Medien und einer Konsumkultur, in der soziale Vergleiche eine tragende Rolle spielen, zeigen viele Menschen gerne, wer sie sind oder was ihnen wichtig ist. Ausdrucksformen wie optische Erscheinungsmerkmale, Besitztümer, gewisse Verhaltensweisen und Tätigkeiten, aber auch verbale wie non-verbale Mittel werden eingesetzt, um der eigenen Identität Ausdruck zu verleihen. Die Suche nach sozialer Anerkennung und das Streben nach einer besseren Position in sozialen Hierarchien gehören zu den Hauptmotivatoren.[128]

Auch in Games spielt Selbstinszenierung eine Rolle. Diese entsteht, wenn andere zuschauen, und ist damit ein typisches Phänomen von Spielen mit sozialen Features. Den Appetit auf Selbstdarstellung wecken Publisher mit geeigneten Angeboten, für die ich an dieser Stelle den Begriff „Pay-to-Impress“ einführe. Ganz zentral sind hierbei Skins, grafische Texturen, die Waffen oder

Charakteren ein neues Aussehen verleihen. In den meisten Spielen gibt es zwar kostenlose Skins, doch die wirklich begehrten Ausführungen verstecken sich hinter einer Paywall. Ein Beispiel für teure Skins sind die immer wieder kontrovers diskutierten Angebote der *Diablo*-Reihe von Blizzard Entertainment. Der Preis des im Februar 2024 im *Diablo 4*-Shop angebotenen „Gläserne Geißel"-Bundles, welches man erwerben musste, um einen exklusiven Skin für sein Pferd zu erhalten, lag bei 65 Euro und damit nur knapp unter dem Preis für die Basisversion des gesamten Spiels (70 Euro).[129]

Einer britischen Studie zufolge werden Kinder und Jugendliche ungern mit kostenlosen „Standard-Skins" gesehen, während sie sich vom Besitz kostenpflichtiger Skins Bewunderung und ein gewisses Standing erhoffen.[130] Eine Studie der Satakunta Universität, Finnland, konnte ähnliches für erwachsene *League of Legends*-Spieler belegen. Zu den Hauptmotivatoren für Skin-Käufe zählen die Empfehlungen anderer Spieler sowie ihr Stellenwert als Statussymbol.[131] Skins und Items haben entsprechend einen hohen sozialen Wert und sind quasi virtuelle Pendants zur Rolex oder zum neuesten Nike Drop. Auf die Spitze getrieben wird dies jedoch nicht nur auf der reinen Preisebene, sondern mithilfe künstlicher Verknappung …

KÜNSTLICHE VERKNAPPUNG: VON SELTENHEITSGRADEN UND COUNTDOWN-TIMERN

Limited Edition! Exklusiv! Nur noch zwei verfügbar! Angebote selten wie der Heilige Gral! Jetzt heißt es „Stark bleiben!", denn das Knappheitsprinzip gilt in der Psychologie als einer der wirksamsten Hebel, um Menschen zu beeinflussen.[132] Der Psychologe Stephen Worchel konnte im Rahmen seiner Forschungsarbeit nachweisen, dass eine wahrgenommene Knappheit positiv auf die Attraktivität von Produkten einwirkt und Begehrlichkeiten schafft.[133] Sobald etwas nur begrenzt oder schwer erhältlich ist, erachten wir es quasi „automatisch" als wertvoller und begehrenswerter. Aus Furcht, eine gute Gelegenheit zu verpassen oder leer auszugehen, neigen wir in solchen Fällen zu schnellen Entscheidungen und impulsivem Handeln – ursprünglich eine evolutionsbedingte Überlebensstrategie.[134] Marketing macht sich diesen Effekt schon lange gekonnt zunutze, um Kaufverhalten zu beeinflussen. Unternehmen und Verkäufer schränken den Zugang zu einem Produkt mengenmäßig oder zeitlich ein oder suggerieren eine begrenzte Verfügbarkeit. „Künstliche Verknappung" wird auch in In-Game-Shops erfolgreich und auf unterschiedliche Weise eingesetzt.

Mengenmäßige Verknappung: Rare, Epic, Legendary

Während natürliche Ressourcen wie Edelmetalle oder Sitzplätze in einem Flugzeug tatsächlich knapp sein können, wird Knappheit von Unternehmen künstlich erzeugt, um Angebote besonders exklusiv erscheinen zu lassen und die Preise in die Höhe zu treiben. Bekannte Beispiele hierfür sind Luxusgüter wie die It-Bags von Hermès oder Louis Vuitton.[135] Genau diese Strategie wird auch in Games praktiziert. Ein Beispiel sind seltene Skins und Items, um die teilweise ein regelrechter Hype betrieben wird und deren Besitz in der Gaming-Community mit Prestige und Ansehen verknüpft ist. Verknappte Gegenstände werden in der Regel als „Limited Edition" vermarktet oder mit Begriffen wie „uncommon", „rare", „epic" und „legendary" von herkömmlichen Items und Skins differenziert, um den Eindruck von Exklusivität und Seltenheit zu unterstreichen.[136]

Studien zeigen, dass Konsumenten den Preis eines seltenen oder nicht mehr verfügbaren Gegenstands nicht im Hinblick auf seine tatsächliche Qualität bewerten, sondern nur mit Blick auf seine Seltenheit.[137] Dies erklärt, warum für exklusiv oder selten erscheinende Skins und Items hohe Preise gezahlt werden, obwohl es sich hierbei gemein gesagt nur um eine Ansammlung bunter Pixel handelt. Im Mobile Game *Brawl Stars* muss das primär jugendliche Publikum für die begehrten, als „Brawler" bezeichneten Spielcharaktere mit der Klassifizierung „legendär" rund 44 Euro berappen, wenn diese nicht gerade rabattiert sind.[138]

Während eine Verknappung haptischer Güter mit eingeschränkten Ressourcen oder Produktionskapazitäten begründet werden kann, ist Knappheit bei digitalen Produkten immer eine große Illusion. Ein virtueller Gegenstand ist, wenn er ein einziges Mal produziert wurde, unendlich oft reproduzierbar. Die Grenzkosten, also die Kosten, die bei der Herstellung einer weiteren Einheit anfallen, sind dabei gleich null. Keine Grenzkosten sind die Basis für enorme Gewinnspannen. Einmal hergestellt, unendlich oft verkauft! Abgesehen davon, Begehrlichkeiten zu wecken und Preise in die Höhe zu treiben, gibt es keinen Grund, digitale Gegenstände zu limitieren. Wenn man kurz davor steht, Geld für einen „seltenen" Skin auszugeben, sollte man sich die Absicht hinter dieser künstlichen Verknappung bewusst machen. Kritische Stimmen bemängeln immer wieder, dass diese Praxis die Spielerschaft in zwei Lager spaltet. Während zahlungskräftige und -willige Spieler ihre besonderen Items und Skins zur Schau stellen, besteht die Gefahr, dass diejenigen, die sich solche Ausgaben nicht leisten können, ausgegrenzt und frustriert werden.

Seltene Gewinne

Mit künstlicher Verknappung wird ebenso ganz gezielt bei Glücksspielsimulationen wie Lootboxen gearbeitet. In der Hoffnung, einen seltenen und dadurch besonders wertvollen Gegenstand zu gewinnen, werden Spieler immer wieder dazu verleitet, Geld für die Teilnahme an den Simulationen auszugeben. So steigt der Preis, der letztendlich für den Seltenheitswert eines virtuellen Guts bezahlt wird, nicht selten in drei- und vierstellige Bereiche, wenn er denn überhaupt gewonnen wird. Ein umfangreicherer Blick sowie spannende Beispiele folgen im Kapitel 8 („Glückspielsimulationen").

Inszenierung von Knappheit

Neben der tatsächlichen Beschränkung der Verfügbarkeit spielt auch die Inszenierung und Suggestion von Knappheit eine bedeutsame Rolle. Ein häufiger Trick in In-Game-Shops ist die Anzeige der verbleibenden Anzahl von Produkten, zum Beispiel: „Nur noch 2 verhexte Zauberkugeln verfügbar!". Auffällige Farben, Schriften und Animationen wie Blinken verstärken die Wirkung dieser Botschaft. Die Betonung auf die geringe Verfügbarkeit soll ein Gefühl der Dringlichkeit erzeugen und den Käufer zu einer schnellen Entscheidung drängen. Es ist kein Geheimnis, dass der Wahrheitsgehalt solcher Verfügbarkeitszahlen nicht immer der Realität entspricht.[139] Ob tatsächlich nur die angegebene Anzahl eines Angebots verkauft wird oder diese darüber hinaus geht, lässt sich letztlich nicht mit Sicherheit sagen.

Zeitlich limitierte Angebote: Countdown-Timer & Co.

Genauso wird Knappheit auch durch eine zeitliche Befristung von Angeboten und Rabatten hergestellt: Nur heute verfügbar! Angebot endet in 01:02:03 Stunden! 50 % Rabatt, wenn du in den nächsten 10 Minuten bestellst! Zeitlich limitierte Angebote gelten als äußerst effektive Werkzeuge, um Absätze während eines gewissen Zeitraums zu erhöhen. Ein Gefühl der Dringlichkeit und Handlungsdruck werden erzeugt. Möglichst wenig Bedenkzeit soll für sorgfältige Entscheidungen aufgewendet werden, die Handlung soll schnell und impulsiv erfolgen. Wenn du es willst, dann kauf jetzt!

Mit Blick auf menschliche Entscheidungsprozesse trifft diese Strategie auf fruchtbaren Boden. In seinem Buch „Schnelles Denken, langsames Denken" beschreibt Daniel Kahneman verschiedene Aspekte von Entscheidungen unter Zeitdruck.[140] Unser Gehirn verwendet zwei grundlegende Denkprozesse, das schnelle und das langsame Denken. Unter Zeitdruck neigen Menschen dazu, sich des schnellen Denkens zu bedienen, welches automatisch abläuft und auf intuitiven Regeln und Erfahrungen basiert. Es ermöglicht schnelle Entscheidungen, die jedoch nicht immer im besten Interesse des Entscheiders sind, da eine gründliche Abwägung unter logischen und rationalen Gesichtspunkten ausbleibt. Bei zeitlich befristeten Angeboten wird bewusst darauf gesetzt, dieses schnelle Denken zu aktivieren. Da Menschen nur ungern gute Gelegenheiten verpassen, ist diese Strategie oft von Erfolg gekrönt. In-Game-Shops nutzen diesen psychologischen Mechanismus beispielsweise, indem Countdown-Timer eingesetzt werden, die sekundengenau anzeigen, wie lange ein Angebot oder ein Rabatt noch verfügbar sind. Ein Spiel, das die zeitliche Befristung von Angeboten als permanentes Konzept beinhaltet, ist *Fortnite*, dessen Sortiment alle 24 Stunden wechselt: Der Shop wird international täglich um 00:00 UTC (Weltzeit), in Deutschland also um 01:00 Uhr morgens aktualisiert. Befindet sich ein gewünschter Skin im Shop, sollte man ihn während dieses Zeitfensters kaufen, denn ob er am nächsten Tag nochmal angeboten wird, ist nicht vorhersehbar.

Egal ob im Gaming oder in anderen Kaufsituationen: Wird Zeitdruck künstlich erzeugt, sollte man sich bewusst machen, dass dies impulsive Entscheidungen fördert, und gegebenenfalls einen Augenblick für eine analytische, rationale Einordnung des Angebots in Betracht ziehen.

SCHNEE VON GESTERN: DYNAMIK UND FÜLLE VON ANGEBOTEN

Neben künstlicher Verknappung erwartet Gamer auf der anderen Seite jedoch auch eine Fülle von Angeboten. Insbesondere in Games mit Sammelmechaniken ist es eine häufig angewandte Strategie, eine Flut von Sammelstücken anzubieten und diese ständig zu erweitern. Beispiele hierfür sind die Online-Versionen bekannter Sammelkartenspiele wie *Pokémon TCG Live*, *Magic: The Gathering Arena* und *Hearthstone: Heroes of Warcraft*. Diese Games umfassen tausende von Sammelkarten und es werden immer mehr. Auf diese Weise werden Spieler motiviert, kontinuierlich Geld auszugeben, um ihre Sammlung zu erweitern oder zu vervollständigen.

Doch auch in Spielen, in denen keine Sammelmechanik im Vordergrund steht, spielen die Fülle und kontinuierliche Erweiterung des Angebots eine zentrale Rolle. In den In-Game-Shops bekannter Multiplayer-Spiele wie *Fortnite*, *Call of Duty*, *Valorant* oder *League of Legends* manifestiert sich dies in einer äußerst dynamischen Angebotspalette. Skins und Items werden ständig aktualisiert, moderner, schöner, anders ... *League of Legends* umfasste Anfang 2024 1.655 Champion-Skins und über 3.000 sogenannte Chroma-Varianten, mit denen unterschiedliche Einfärbungen der Champions möglich sind.[141] In *Fortnite* waren allein im Mai 2023 über 1.430 unterschiedliche Skins erhältlich.[142] Angebote, die heute gehypt werden, können morgen bereits veraltet sein, da Entwickler ständig neue und aufregende Varianten einführen, die die Aufmerksamkeit der Spieler auf sich ziehen. Oftmals sind diese auch im Rahmen von Kollaborationen und Kooperationen an andere aktuelle Kulturgüter gebunden. Ein Beispiel sind Skins aus dem Disney-Universum, die kurz vor dem Start eines neuen Kino-Blockbusters in den Shops erhältlich sind. Diese Strategie erstreckt sich auch auf Serien, wie im Fall der Horror-Reihe *The Walking Dead: The Ones Who Live*, zu deren Start *Walking Dead*-Skins im Spiel *Call of Duty* released wurden.[143]

Dieser kontinuierliche Prozess hält Games frisch, ist für die Gaming-Industrie aber vor allem eins: äußerst profitabel. Denn die Dynamik hält den Konsumfluss in Gang, da sie Gamer dazu motiviert, immer wieder zu investieren, um up-to-date zu bleiben und damit verbunden gegebenenfalls auch ihr Ansehen in der Community zu verteidigen.

AVATARE UND IHR EINFLUSS AUF DIE KAUFBEREITSCHAFT

Am Ende des Kapitels noch ein Fun Fact: Selbstgestaltete Avatare, wie sie in vielen Games vorkommen, sind kraftvolle Instrumente, wenn es um die Beeinflussung von Einstellungen zu In-Game-Käufen bzw. Produkten im Allgemeinen geht. Die Forscher Fox, Hanus und Ahn konnten in zwei Studien belegen, dass die persönliche Gestaltung eines Avatars – beispielsweise durch die Wahl seines Outfits, seiner Frisur oder Hautfarbe – das Gefühl einer vertrauten Verbindung fördert und der Avatar infolgedessen an Überzeugungskraft gewinnt.[144] Äußert dieser Avatar nun Empfehlungen, so sind Menschen eher gewillt diesen zu folgen. Zurückhaltung und Ablehnung gegenüber einem Produkt nehmen ab, ein Kauf wird wahrscheinlicher.[145]

Interessanterweise zeigt sich diese Wirkung selbstgestalteter Avatare nicht nur in Games, sondern auch in der Werbung im Allgemeinen.[146] Personalisierte Avatare dürften in dieser Hinsicht in der digitalen, interaktiven Welt in Zukunft an Bedeutung gewinnen. Diese Befunde verdeutlichen, wie wichtig ein Verbot von direkten Kaufappellen insbesondere an Kinder ist. Dieses ist in Deutschland durch das Jugendschutzgesetz und den Jugendmedienschutz-Staatsvertrag geregelt und auch die USK hat Richtlinien für ihre Mitglieder erarbeitet, um eine solche Praxis in Games einzudämmen.

TIPPS

- Setze dich bewusst mit deinem Kaufverhalten auseinander: Welches Bedürfnis befriedigst du mit einem Kauf? Was bringt dir der Kauf auf spielerischer und emotionaler Ebene?
- Prüfe die Fairness des Angebots: Kaufst du freiwillig oder wendet das Spiel eine Strategie an, die dich zu einem Kauf zwingt? Möchtest du diese Art der Monetarisierung unterstützen?
- Bilde Vergleiche: Frage dich, ob dir der Skin z. B. so viel wert ist wie ein neues T-Shirt oder ein Kinobesuch mit Popcorn und Drink.
- Priorisiere: Überlege, welche Angebote für dich wirklich wichtig sind, und konzentriere dich darauf. So kannst du vermeiden, dein Geld für weniger bedeutsame Inhalte auszugeben.
- Neigst du zu Impulskäufen? Blinkende, bunte Angebote und (scheinbar) limitierte Verfügbarkeiten können Konsumwünsche verstärken und Kaufentscheidungen beschleunigen. Bevor du kaufst, verlasse den In-Game-Shop nochmal und wäge deine Entscheidung rational ab.
- Beobachte in deinem Spiel, ob „superseltene" Angebote nicht doch häufiger verfügbar sind. Das hilft dir, längerfristig besser mit solchen Reizen umzugehen.

KAPITEL 7

IN-GAME-KÄUFE: ZAHLUNGEN UND PREISMANAGEMENT

DIGITALE ZAHLUNGSMITTEL

INTRANSPARENTE KOSTEN

MICROPAYMENTS: ACH, DIE PAAR KRÖTEN!?

IN-GAME-WÄHRUNG VS. EURO: DIE WÄHRUNGS-VERWIRRUNG

NO LIMITS: BEZAHLEN, BIS DER ARZT KOMMT

PREISSCHWELLEN: DIE MAGISCHE 99

HOHE PREISE: DER ANKERPREISEFFEKT

TENDENZ ZUR MITTE

WÄHRUNGSPAKETE: WARUM MAN MEHR KAUFT ALS BENÖTIGT

KLEINE RESTBETRÄGE UND WIE SIE UNS TRIGGERN

SCHNÄPPCHENJAGD RELOADED: RABATTE UND SONDERANGEBOTE

WARUM WIR TROTZDEM NICHT AUFHÖREN: DER SUNK-COST EFFECT

TIPPS

Die neuen Monetarisierungsstrategien haben Gaming in den letzten Jahren radikal verändert. Spieler müssen sich heute mit einer Vielzahl digitaler Zahlungsmittel und raffinierter Preisstrategien auseinandersetzen, die in den In-Game-Shops auf sie warten. Diese Systeme sind oft so konzipiert, dass sie nicht nur die Attraktivität der Angebote erhöhen, sondern auch die Hemmschwelle senken, Geld auszugeben. Von Micropayments bis hin zu cleveren Preisgestaltungen – die Strategien sind vielfältig und oft schwer durchschaubar.

Doch was bedeutet das konkret für die Spieler? Welche Auswirkungen haben diese Entwicklungen auf ihr Kaufverhalten und ihre Geldbörsen? Bevor wir uns in die Details stürzen, werfen wir einen Blick auf die Grundlagen digitaler Zahlungsmittel und Micropayments. Wir werden sehen, wie diese, zusammen mit ausgeklügelten Preismodellen, dazu beitragen können, dass Spieler oft mehr Geld ausgeben, als sie ursprünglich geplant hatten.

DIGITALE ZAHLUNGSMITTEL

Der Bezahlvorgang in In-Game-Shops ist simpel. In der Regel kann zwischen den gängigen Online-Bezahlverfahren wie Kreditkarten, PayPal und Mobile Payment Systemen, wie der Zahlung über die Telefonrechnung, gewählt werden. Viele Nutzer hinterlegen ihre Zahlungsdaten, wenn sie regelmäßig einkaufen. So ist der Bezahlprozess schnell oder sogar automatisiert. Hinzu kommen Bezahlsysteme auf Prepaid-Basis wie die Paysafecard und Guthabenkarten, die innerhalb einzelner App Stores, Plattformen oder Spielen einlösbar sind. Diese Karten bieten den Vorteil, dass der Betrag, der ausgegeben werden kann, limitiert ist, z. B. auf 25 Euro. Die Gemeinsamkeit dieser Zahlungsarten liegt auf der Hand: Sie sind, wie es eben in der digitalen Welt notwendig ist, bargeldlos. Warum erwähne ich das? Digitale Zahlungsmittel haben einen anderen Einfluss auf das Kaufverhalten als Zahlungen mit Bargeld.

Sofern es sich nicht um Prepaid-Systeme handelt, werden Ausgaben oft erst später, nämlich am Monatsende mit der Rechnung, in Summe sichtbar. Dies fördert Intransparenz. Aus der Neuro-Pricing-Forschung, in deren Rahmen Gehirnreaktionen auf Preisinformationen und Bezahlprozesse untersucht werden, weiß man zudem, dass Preise das Schmerzzentrum des Gehirns unterschiedlich stark aktivieren. Dies gilt auch für Zahlungsmittel: Bei Kreditkartenzahlungen wird das Schmerzareal weniger stark aktiviert als bei Barzahlung.[147] Per Karte zu zahlen tut uns also weniger weh, als einen Schein oder eine Münze über die Theke zu schieben. Der „Schmerz“, der uns hilft, unser Ausgabeverhalten zu kontrollieren, wird durch die Verwendung eines abstrakten Zahlungsmittels also gemindert. Die Folge ist eine niedrigere Hemmschwelle beim Kauf.[148] Gerade für Menschen, die ihr Konsumverhalten nicht unter Kontrolle haben, kann dies, besonders in Kombination mit der Unübersichtlichkeit von Micropayments, ein Grund sein, warum Ausgaben außer Kontrolle geraten. Noch abstrakter werden die Zahlungsmittel, wenn in Spielen mit Echtgeld erworbene In-Game-Währungen zum Einsatz kommen.[149] Eine weitere Verschleierung der realen Kosten ist hier durchaus beabsichtigt.

INTRANSPARENTE KOSTEN

Statt wie früher ein komplettes Spiel für einen Festpreis zu bekommen, werden Spiele in In-Game-Shops in viele einzeln erwerbbare Einheiten unterteilt. Der Preis ist also nicht mehr eindimensional, sondern multidimensional. Die Angebotspalette wird häufig durch neuen, für Gamer relevanten Content oder besondere Rabattaktionen aktualisiert, was nicht nur dem Spielerlebnis, sondern auch potenziellen Begehrlichkeiten und Wünschen neues Leben einhaucht. Während In-Game-Käufe Abermilliarden in die Kassen der Entwickler spülen und kontinuierliche Einnahmen sichern, ist für Gamer beim Kauf einer „Basisversion" oder dem Download eines Free-to-Play-Games nicht absehbar, wieviel Geld tatsächlich in ein Spiel investiert werden muss, um mittel- bis langfristig ein gutes Spielerlebnis zu haben.

Ein Beispiel hierfür ist das von Electronic Arts verlegte Lebenssimulationsspiel *Die Sims 4*, dessen Basisversion mittlerweile gratis erhältlich ist. Kauft man sich allerdings alle zusätzlich herunterladbaren Inhalte zur Erweiterung der Basisversion – auch DLCs genannt, so liegen die Kosten bei über 1.000 Euro.[150] Bei vielen Mobile Games wie beispielsweise *Candy Crush Saga*, *Clash of Clans* oder *Gardenscapes* sind die Ausgaben potenziell sogar nach oben hin unbegrenzt, da es sich bei allen erhältlichen Ressourcen um Verbrauchsgüter handelt. Der tatsächliche Preis, den man für ein Spiel zahlen wird, ist also flexibel.

Nun wird häufig argumentiert, dass ja jeder selbst entscheiden kann, ob er Geld ausgibt oder nicht. Das ist prinzipiell richtig und in manchen Spielen kauft man tatsächlich gerne im In-Game-Shop, weil das Spiel gut und die Monetarisierung fair ist. Allerdings wird in vielen Free-to-Play-Games die Notwendigkeit für Zahlungen erst deutlich, wenn der Spieler bereits emotional an das Spiel gebunden ist und es vielleicht schon gewohnheitsmäßig nutzt. Er hat Zeit in das Spiel investiert und möglicherweise sogar seine Kontakte ins Spiel eingeladen. In dieser Phase sind Spieler eher bereit, finanzielle Mittel einzubringen, um das Spiel längerfristig weiterspielen und die positive Spielerfahrung aufrechterhalten zu können.

Bei Mobile Games, die im Google Play Store oder Apple App Store angeboten werden, ist klar gekennzeichnet, welche Apps In-Game-Käufe enthalten. Auch die USK, die in Deutschland für die Alterskennzeichnung von Games zuständig ist, bezieht seit 2023 das Vorhandensein von In-Game-Käufen in die Altereinstufung mit ein.[151]

MICROPAYMENTS: ACH, DIE PAAR KRÖTEN!?

Für In-Game-Käufe ist häufig ein Betrag fällig, der in die Kategorie der Micropayments fällt. Wer sich im digitalen Raum aufhält, ist mit solchen Zahlungen vertraut. Es handelt sich um Beträge von bis zu 5 Euro, die beim Kauf digitaler Güter wie redaktionellen Beiträgen, Musik-Downloads und eben auch Spielinhalten gängige Praxis sind.

Der Vorteil für Publisher: Solche Beträge werden impulsiv und ohne große Überlegung ausgegeben. Artikel zu niedrigen Preisen landen schnell im Warenkorb – ob an der Supermarktkasse, im Internet oder in einem Game. Der Rest ist eine Milchmädchenrechnung: Es wird darauf spekuliert, dass ein genügend großer Anteil an Spielern zusätzliche Inhalte mit realen Geldern kauft und man auf dieser Basis hohe Umsätze erzielt. Der Nachteil für Gamer: Micropayments sind unübersichtlich. Wer führt schon Buch über die Summe der Kleinbeträge, die er während eines gewissen Zeitraums ausgibt? Abhängig vom individuellen Kaufverhalten können sich scheinbar geringe Ausgaben zu beträchtlichen Summen addieren. Der Überblick ist schnell verloren und so erlebt der eine oder andere eine böse Überraschung, wenn am Monatsende die tatsächlich ausgegebene Summe auf der Abrechnung ins Haus flattert.

Im Gaming kann allerdings nicht die Rede von einer generellen Anwendung von Micropayments sein, da die Beträge auch weit darüber hinausgehen können. Die Preisspanne geht hier in den dreistelligen Bereich. Preise von 119 Euro und mehr sind keine Seltenheit.

IN-GAME-WÄHRUNG VS. EURO: DIE WÄHRUNGS-VERWIRRUNG

Stell dir das folgende fiktive Szenario vor: Du möchtest bei Edeka einkaufen und da gibt's große Neuigkeiten. Am Eingang befindet sich jetzt ein Geldwechsel-Service. Für deine langweiligen Euro erhältst du glitzernde „EdeCoins". Euro werden als Zahlungsmittel nicht mehr akzeptiert. „EdeCoins" können in Bündeln zu 19,99 Euro, 59,99 Euro und 129,99 Euro erworben werden. Dafür erhältst du 50, 160 bzw. 350 „EdeCoins". Je mehr du ausgibst, desto besser der Wechselkurs. Außerdem bekommst du beim 350er-Bündel einen Jutebeutel und zwei Packungen Spaghetti gratis dazu. Soweit so gut, du zückst deine EC-Karte, kaufst dir ein „EdeCoin"-Bündel, betrittst den Laden und staunst: Ob 14 „EdeCoins" für eine Tiefkühlpizza wohl angemessen sind? Zeit zum Umrechnen bleibt jetzt nicht, also ab ins Körbchen damit. Nachdem du alles bezahlt hast, bleibt dir ein Restbetrag von 27 „EdeCoins". Schnell zurücktauschen in Euro, damit du nebenan am Kiosk gleich deine Lieblingszeitschrift kaufen kannst. Sorry … Wechsel ausgeschlossen! Und übrigens: Die „EdeCoins" gelten selbstverständlich nur bei Edeka. Auf Wiedersehen, bis zum nächsten Mal!

Ersatzwährungen wie die fiktiven „EdeCoins" sind in Form von Chips und Jetons traditionell aus dem Glücksspiel bekannt. Auch in vielen In-Game-Shops können solche Währungen mit Echtgeld gekauft werden. Sobald In-Game-Währung gekauft wird, steigt das Risiko, den Überblick über die Ausgaben zu verlieren, denn Preise für Skins, Items und andere Ressourcen werden oftmals nur in In-Game-Währung, nicht aber in Echtgeld ausgewiesen. Der Aufwand, den realen Geldwert eines Gegenstandes in Euro umzurechnen, ist hoch – teilweise sogar nahezu unmöglich, da In-Game-Währung zu ungeraden Preisen in unterschiedlichen Bündeln und mit wechselnden Rabatten verkauft wird. Laut Prof. Dr. Lutz Anderie, einem der führenden Gaming-Experten in Deutschland, sind solche Strategien, sofern sie erfolgreich umgesetzt werden, mit einem extrem komplexen und anspruchsvollen Währungs- und Wechselkursmanagement verbunden.[152]

Wer nicht akribisch Buch über seine Käufe führt, der verliert schnell den Überblick. Für In-Game-Währungen populärer Spiele wie *Fortnite, Valorant* oder *Roblox* bieten diverse Websites Online-Währungsrechner an – die Umrechnung dient allerdings lediglich einer groben Orientierung, da ursprüngliche Kaufpreise und Rabatte nicht berücksichtigt werden.[153] Und wenn wir mal ganz ehrlich sind: Im Flow rechnet wohl kaum einer um, wieviel ein dringend benötigtes oder begehrtes Item in Euro kostet, wenn noch genügend In-Game-Währung verfügbar ist. Schon gar nicht, wenn es sich um Impulskäufe handelt, und auf solche zielen viele Angebote ab.

Besonders stark ausgeprägt ist die Intransparenz von Preisen bei Spielen, die simultan mehrere In-Game-Währungen integrieren. Ein Extrembeispiel ist das für seine räuberischen Strategien oftmals kritisierte *Diablo Immortal* mit insgesamt 22 unterschiedlichen In-Game-Währungen.[154] Mit Echtgeld können „Eternal Orbs" gekauft werden. Von „Eternal Orbs" können weitere Währungen und Materialien wie „Platinum" und „Reforge Stones" gekauft werden, die für unterschiedliche Käufe und Tauschgeschäfte innerhalb des Spiels notwendig sind. Weitere Währungen kann man sich erspielen. Der Währungsmix macht das Umrechnen von Preisen in Echtgeld nahezu unmöglich. In-Game-Währungen verschleiern so die Höhe der tatsächlichen Ausgaben und verstärken das Risiko, unverhältnismäßig hohe Summen für einzelne Items zu zahlen.

NO LIMITS: BEZAHLEN, BIS DER ARZT KOMMT

Eine umstrittene Praktik in der Welt der Games ist das Fehlen von Begrenzungen für die finanziellen Ausgaben der Spieler. Innerhalb kürzester Zeit können Unsummen in Games gesteckt werden. Publisher schaffen gezielt In-Game-Ökonomien, die immense Summen wert sind und animieren Spieler, wie wir gesehen haben, durch verschiedene Mechanismen zu kontinuierlichen Geldausgaben. Shops werden ständig mit neuen Angeboten bestückt. Kurze Spielrunden beschleunigen den Verbrauch von Ressourcen, die dann neu gekauft oder mühsam erspielt werden müssen. Spielerfahrungen werden gezielt verschlechtert, um anschließend Angebote zu platzieren, die diese dann wieder verbessern.[155] Glücksspielsimulationen wie Lootboxen wecken Hoffnung auf besondere Gewinne. Und auf Endlosigkeit angelegte Game Loops fesseln Menschen langfristig an Spiele und animieren so immer wieder zu Investitionen. Folgt ein Gamer diesen Kaufanreizen, so kann er innerhalb weniger Stunden und Tage Hunderte, ja, sogar Tausende Euro in einem einzigen Spiel ausgeben. Dies unterscheidet diese Spiele von allen anderen Spielen in unserer Kultur, denn selbst für Geldspielautomaten, wie sie in Spielhallen und Gaststätten zu finden sind, gelten zum Schutz der Spieler Begrenzungen für finanzielle Einsätze und Verluste.[156]

Gerade Gaming-Streamer sorgen immer wieder für Aufsehen durch hohe Investitionen in Games. So berichtete beispielsweise Trymacs über Ausgaben von 133.000 Euro für Pay-to-Win-Angebote verschiedener Spiele.[157] MontanaBlack zeigte öffentlich seine Ausgaben im Spiel *Counter-Strike: Global Offensive*. In der Hoffnung auf seltene kosmetische Items kaufte er innerhalb von fünf Monaten Lootboxen im Wert von 104.177 US-Dollar, umgerechnet knapp 98.000 Euro.[158] Während sich professionelle Gaming-Streamer solche Ausgaben durch hohe Einkommen und teilweise mit Unterstützung aus ihren Communities leisten können, werden Spiele durch fehlende Ausgabenbeschränkungen für weniger betuchte Gamer immer wieder zu Geldfallen. Trauriges Zeugnis hierfür sind Hunderte von Pressemeldungen und Artikeln über Personen, die ein Vermögen in Games gelassen haben. Dazu gehört die verrückte Geschichte eines US-amerikanischen Betrügers, der einen Anteil von 945.000 Euro seiner Beute für In-Game-Käufe im Strategiespiel *Game of War* ausgab.[159] Und eine 13-jährige Chinesin verprasste innerhalb von fünf Monaten die Ersparnisse ihrer Familie, genauer gesagt 64.000 Euro, heimlich in Mobile Games.[160]

Aus Sicht der Spieleentwickler erscheint eine Ausgabenbegrenzung selbstverständlich schwachsinnig, da sie die Einnahmen künstlich reduziert. Und sind wir mal ehrlich: Wenn dein Chef dir einen Lohn von 300 Euro pro Stunde anbietet, würdest du einlenken und sagen „Bitte zahlen Sie mir nur die Hälfte, ich möchte Ihren Geldbeutel schonen"? Wahrscheinlich würde so nur ein schwindend geringer Anteil an Menschen verfahren.

Gerade für Suchtgefährdete sowie Kinder und Jugendliche, deren kognitive Fähigkeiten noch nicht voll ausgereift sind, kann diese endlose Geldfalle zu einem großen Problem werden.

PREISSCHWELLEN: DIE MAGISCHE 99

Wer im Supermarkt oder an einer Tankstelle auf die Preise achtet, der weiß, dass fast durchgängig mit „gebrochenen Preisen" gearbeitet wird. Unter gebrochenen Preisen versteht man Preise, die Dezimalstellen enthalten und nicht auf den nächsten vollen Betrag gerundet sind, z. B. 9,99 Euro statt 10,00 Euro.

Der Grund, warum Produkte so bepreist werden, liegt in der Psychologie. Runde Preise wie 5, 10 oder 100 Euro können negative Veränderungen in den Absätzen auslösen – man spricht hierbei von sogenannten „Preisschwelleneffekten".[161] Das heißt, dass spürbar mehr Kunden ein Produkt für einen Preis von beispielsweise knapp unter 5,00 Euro kaufen, die Anzahl an Käufern aber sinkt, sobald der Preis glatte 5,00 Euro beträgt oder überschreitet. Ursächlich hierfür ist, dass Menschen die Tendenz haben, ungerade Preise zu unterschätzen, denn die einzelnen Ziffern der Preise werden von links nach rechts mit abnehmender Intensität wahrgenommen.[162] Ein Preis von 4,99 Euro wird entsprechend als „vier plus etwas"[163] gelesen und erscheint in der Wahrnehmung der Konsumenten damit günstiger als 5,00 Euro, obwohl die Differenz lediglich einen einzigen Cent beträgt. Konsumenten haben zudem die Tendenz, insbesondere Preise, die auf einer 9 enden, mit Sonderangeboten und „guten Deals" zu assoziieren.[164]

Um den Eindruck eines Sonderangebots zu erzeugen, Preisschwellen zu umgehen und dennoch den höchstmöglichen Preis beizubehalten, enden Preise oftmals auf einer 9. Eine Studie belegte anhand von 18.000 analysierten Lebensmittel-Preisen, dass 69 % der Preise mit einer 9 endeten.[165] Um einen aktuellen Vergleichswert für den Bereich der Freizeitgüter zu haben, analysierte ich die Preise von 400 Produkten unter dem Suchbegriff „Spiele" auf Amazon. Knapp 73 % der Preise enthielten als Endziffer eine 9. Hiervon endeten 64 % der Preise sogar auf 99 (Beispiel: 9,99 Euro) – also direkt unterhalb eines geraden Preises.[166]

Das ist allerdings nichts im Vergleich zur Verteilung in In-Game-Shops. Im gleichen Zeitraum analysierte ich 251 Angebote aus 20 Mobile Games.[167] Alle Preise endeten auf 9 wie beispielsweise 1,19 Euro oder 5,99 Euro. Unglaubliche 93,23 % der Preise endeten im Dezimalbereich sogar auf 99! Publisher nutzen die Preisschwelle durch Preise wie 2,99 Euro also maximal aus, sogar noch viel stärker als wir es von Amazon oder aus dem Lebensmittelhandel gewohnt sind. Bevor man in einem Spiel einen Kauf mit Echtgeld tätigt, schadet es für eine realistischere Preiseinschätzung daher nicht, aufzurunden und aus dieser Perspektive erneut zu überlegen, ob man sein Sparschwein tatsächlich plündern will.

HOHE PREISE: DER ANKERPREISEFFEKT

Ankerpreise sind eine gängige Strategie, die viele Unternehmen nutzen, um die Preiswahrnehmung ihrer Kunden zu beeinflussen. Diese Methode basiert auf der allgemeinen Erkenntnis, dass Menschen Dinge durch Vergleiche bewerten. Durch das Zeigen hoher Ausgangs- oder Vergleichspreise können Verkäufer ihre Kunden dazu bringen, andere Preise als attraktiver zu empfinden. In der Literatur zu Preismanagement und Verkaufspsychologie wird daher oft betont, dass es sich für Verkäufer lohnen kann, immer eine teure Variante mit anzubieten, auch wenn diese nur selten oder sogar nie gekauft wird.[168] Mit dieser teuren Option wird ein „Preisanker" gesetzt, um den sogenannten „Ankerpreiseffekt" auszulösen.

Eine kurze Anekdote dazu: Vor einiger Zeit ging ich in einen Laden, um mir eine neue Jacke zu kaufen. Ich schaute mir die Auswahl an, die Preise lagen zwischen 80 und 300 Euro. Eine dicke, schwarze Steppjacke für 249 Euro gefiel mir besonders gut, aber ich zögerte – ganz schön teuer, oder? Da kam die Verkäuferin und zeigte mir voller Stolz ihre, wie sie sagte, „New Arrivals" mit Wahnsinns-Jacken für 500 Euro! Plötzlich erschien mir die Jacke für 249 Euro gar nicht mehr so teuer, sondern fast wie ein vernünftiger Kauf. Also griff ich beherzt zu und ging stolz nach Hause, bis mir dämmerte: Mist, ich war dem Ankerpreiseffekt auf den Leim gegangen! Die Verkäuferin hatte einen Preisanker gesetzt, der meine Angebotswahrnehmung beeinflusst hatte. Der höhere Vergleichspreis von 500 Euro relativierte den niedrigeren Preis von 249 Euro schlagartig.

In In-Game-Shops begegnet einem diese Preisstrategie besonders häufig bei Währungspaketen und Bündeln. Neben niedrig- und mittelpreisigen Angeboten sind häufig Pakete zu Preisen von weit über 100 Euro zu erwerben. Diese Angebote werden möglicherweise von einigen Whales in Anspruch genommen, doch auch auf gelegentliche Käufer kleinerer Produkteinheiten haben sie eine Wirkung: Durch den Ankerpreiseffekt erscheinen uns niedrigpreisige Angebote attraktiver, obwohl sie dies rein rational betrachtet möglicherweise gar nicht sind.

TENDENZ ZUR MITTE

Eine weitere interessante psychologische Preisstrategie ergibt sich aus der sogenannten „Tendenz zur Mitte". In zahlreichen Studien konnte nachgewiesen werden, dass Konsumenten dazu neigen, im Fall mehrerer Preisalternativen ein Produkt aus der mittleren Preisklasse zu wählen. Das gilt zumindest, wenn ein Käufer nicht weiß, was ein angemessener Preis für einen Artikel ist und er keinen besonderen Bedarf hat, die allerbeste Qualität oder den niedrigsten Preis zu bekommen.[169] Wird beispielsweise eine Taschenlampe für 3, 6 und 12 Euro angeboten, wird sich ein Großteil der Kunden für die mittlere Variante entscheiden. Ein Grund hierfür ist, dass die mittlere Preisklasse das Gefühl vermittelt, ein ausgewogenes Verhältnis zwischen Qualität und Preis zu erhalten. Unternehmen nutzen diese Tendenz, indem sie gezielt mehrere Preisoptionen anbieten und Kunden so zum Kauf einer mittleren statt niedrigpreisigen Option lenken.

Auch diese Taktik lässt sich in zahlreichen In-Game-Shops beobachten. Insbesondere bei Bundles bzw. Paketen, die einen Mix unterschiedlicher Inhalte enthalten, werden sogar im Bereich der Mikrotransaktionen zwischen 0,99 Euro und 4,99 Euro mindestens drei Alternativen angeboten, so dass es einen mittleren Preis gibt. Dies erhöht die Chance, dass der Spieler nicht das billigste Angebot, sondern das mittlere wählt. Die Zahlungsbereitschaft wird erhöht.

WÄHRUNGSPAKETE: WARUM MAN MEHR KAUFT ALS BENÖTIGT

Spieler von vielen Games mit In-Game-Währung kennen diese oder ähnliche Situationen: Du entdeckst im Shop diesen megawitzigen neuen Skin namens „Squeak“ und bist direkt verliebt! Squeak ist heute im Sonderangebot – für nur 269 Juwelen gehört er dir![170] Es müssen also Juwelen her. Diese können in unterschiedlichen „Paketen“ mit Echtgeld gekauft werden. Der Preis der Juwelen hängt von der gekauften Menge ab: Je mehr du kaufst, desto weniger zahlst du pro Stück. Das nennt man „nichtlineares Pricing“. Du prüfst die Angebote und stellst fest, dass die Pakete wirklich ungünstig geschnürt sind, denn du musst mehr Juwelen kaufen als du eigentlich benötigst. Folgende Juwelen-Pakete werden dir angeboten:

30 Juwelen für 2,49 Euro
80 Juwelen für 5,99 Euro
170 Juwelen für 11,99 Euro
360 Juwelen für 23,99 Euro

sowie einige größere Bündel. Beschränken wir uns zugunsten der Übersichtlichkeit auf die Auswahl von oben.

Whales greifen möglicherweise ohne größeren Rechenaufwand automatisch auf das 360er-Paket zu. Preissensible Gamer fangen an zu rechnen: Für Squeak musst du drei Juwelen-Pakete kaufen. 170 + 80 + 30 Juwelen. Insgesamt also 280 Juwelen für einen Gesamtpreis von 20,47 Euro. Anschließend bleibt dir ein Rest von 11 Juwelen, die nicht genutzt werden können, denn so günstige Angebote gibt es im Shop nicht. Du wirst feststellen, dass du vom 360er-Paket für 23,99 Euro preislich nur 3,52 Euro entfernt bist und damit 91 Juwelen extra bekommst, die eigentlich einen Wert von über 5,99 Euro haben. Klingt nach einem guten Deal, oder? Also ran an das größere Paket!

Das obige Beispiel stammt aus dem Spiel *Brawl Stars*, das sich vor allem an Kinder und Jugendliche richtet. Die gesamte Preisstruktur ist darauf ausgerichtet, zum Kauf eines wesentlich größeren Pakets zu animieren. Viele Shops nutzen diesen Effekt in ihrer Preisstrategie. Gamer werden zu unnötigen Mehrausgaben verleitet, da die Mengen an erwerbbarer In-Game-Währung in ungünstigem Verhältnis zu den Preisen für Items und Skins stehen. Der Griff zum größeren Währungspaket erscheint infolgedessen als gute Option und es gibt einen aus Sicht der Gaming-Industrie wünschenswerten Nebeneffekt, nämlich kleine Restbeträge! Was es damit auf sich hat, betrachten wir im nächsten Abschnitt.

KLEINE RESTBETRÄGE UND WIE SIE UNS TRIGGERN

Nutzt man In-Game-Währung, so scheint es, als ließe sich diese nie ganz aufbrauchen und man bliebe immer auf kleinen Restbeträgen sitzen. Im ersten Moment ist das vielleicht ein Grund zur Freude, doch wenn man sich die Preise in den Shops ansieht, dann kommt es einem oftmals so vor, als würden die Entwickler einem zurufen: „Tja, deine Münzen reichen eben nur FAST, du armer Teufel!“

Diese Vorgehensweise ist kein Zufall. Die Restbeträge sollen Spieler zu weiteren Käufen von In-Game-Währung animieren. Dass dies ein effektives Mittel ist, erklärt das in diversen Untersuchungen belegte Phänomen der „Waste Aversion“.[171] Da im Deutschen zum Zeitpunkt des Verfassens dieses Buches kein offizieller Terminus hierfür existiert, führe ich den Begriff „Verfallsaversion“ ein. Dieses Phänomen beschreibt das menschliche Bestreben, bestehende Werte nicht verfallen zu lassen. Die Verfallsaversion kann sogar dazu führen, dass Menschen bestimmte Verhaltensweisen ausführen oder beibehalten, selbst wenn dies eigentlich zu ihrem eigenen Nachteil ist.[172] Sie tun dies nur, um vorhandene Ressourcen aufzubrauchen. Sitzt nun also ein Teil unserer Münzen nutzlos auf unserem „In-Game-Konto“ fest, verspüren wir den inneren Drang, diesen Wert nicht verfallen zu lassen, sondern wollen ihn unbedingt nutzen.[173] Folgen wir diesem Drang, so bleibt nichts anderes übrig, als mehr In-Game-Währung zu kaufen oder zu erspielen, um genügend Währung für einen weiteren Kauf zu haben.

Ein aktuelles Beispiel für die raffinierte Integration dieser Strategie liefert *Diablo 4* (Season 1): Der kostenpflichtige Premium Battle Pass für 1.000 Platin ermöglicht Zugang zu zahlreichen exklusiven Inhalten. Wer den Battle Pass vollständig abschließt, erhält 666 Platin gutgeschrieben.[174] Allerdings reicht dieser Betrag nicht aus, um auch nur das günstigste Item für 800 Platin zu erwerben. Diese Praxis ist kein Zeichen des Geizes, sondern der Gier. Sie zielt schlicht und einfach darauf ab, zusätzliche Käufe zu provozieren.

Was Gamer zu Kaufzeitpunkten möglicherweise nicht ahnen: Operiert ein Spiel auf diese Weise, so wird mit großer Wahrscheinlichkeit auch von der nächsten Investition wieder ein Restbetrag übrigbleiben. Durch das künstliche Blockieren von In-Game-Währung kann so ein Anreiz geschaffen werden, stets erneut In-Game-Währung zu kaufen. Ein Kreislauf, in dem letztendlich mehr Geld investiert wird als ursprünglich geplant.

SCHNÄPPCHENJAGD RELOADED: RABATTE UND SONDERANGEBOTE

Ob im Supermarkt oder beim Online-Shopping, Rabatte, Sonderangebote oder Gratis-Beigaben nach dem Motto „2 für 1" begegnen uns tagtäglich an vielen verschiedenen Orten. Sie sind eine gängige Marketingpraxis, um Kunden zum Kauf zu bewegen. Auch in In-Game-Shops sind sie eine weit verbreitete Strategie und werden oftmals geradezu penetrant angepriesen. Im Englischen gibt es hierfür den treffenden Begriff „in your face": Du kommst einfach nicht drumherum, wahrzunehmen, dass etwas (angeblich) günstiger ist oder du etwas on top bekommst. Es wird dir unübersehbar vor die Augen geknallt – bei Mobile Games teilweise sogar in Form von Push-Benachrichtigungen aufs Smartphone.

Bei der Präsentation von Angeboten wird häufig auf den sogenannten Framing-Effekt gesetzt. Durch die gezielte Gestaltung von Informationen kann der Anbieter unsere Wahrnehmungen und Entscheidungen beeinflussen, um einen Vorteil zu erzielen. In vielen Spielen suggerieren beispielsweise permanente Beschriftungen der In-Game-Shops mit Begriffen wie „Sale" Preisnachlässe. Diese Darstellung lässt Menschen annehmen, dass sie ein Schnäppchen machen, obwohl die Preise gänzlich oder zum Großteil unverändert sind. Einzelne Angebote werden oftmals mit hohen Prozentzahlen beworben, wie „80 % günstiger" oder „600 % plus". Solche Angaben wirken deutlich attraktiver und beeindruckender als „Nur 20 % zahlen" oder „6-mal mehr", obwohl diese Varianten mathematisch identisch sind. Forschungsbefunde zeigen, dass Rabatte in Prozent besonders attraktiv wirken. Selbst wenn wir nicht genau wissen, wie viel wir tatsächlich sparen oder mehr bekommen, gehen wir von einem guten Deal aus.[175] Durch die Darstellung der Rabatte in leuchtenden Farben wird der

Eindruck einer großen Ersparnis weiter verstärkt. Diese Inszenierung nutzt die menschliche Neigung zu mentalen Abkürzungen aus und führt dazu, dass wir bei vermeintlich guten Angeboten schneller reagieren, ohne die exakte Ersparnis zu hinterfragen. Besonders effektiv ist dies, wenn die Angebote zeitlich begrenzt sind.[176]

Rabatte, Sonderangebote oder Beigaben sind im Gaming ausschließlich eine Strategie, Kaufbereitschaft zu erhöhen, Käufe zu beschleunigen und kaufinteressierte Gamer dazu zu bringen, immer wieder im Shop vorbeizuschauen. Schließlich sind Games keine Klamottenläden, in denen die Winterkollektion spätestens im Januar raus sein muss. Digitale Produkte nehmen keine Verkaufs- oder Lagerflächen weg und bis auf manche kosmetische Items haftet ihnen auch keine Aktualität an.

WARUM WIR TROTZDEM NICHT AUFHÖREN: DER SUNK-COST EFFECT

In unserem Alltag können wir immer wieder Situationen beobachten, in denen Menschen krampfhaft an etwas festhalten und weiter Geld, Zeit oder Energie investieren, obwohl der Höhepunkt des Erfolges oder Spaßes womöglich längst vorbei ist. Unternehmer investieren weiter in defizitäre Geschäfte, talentfreie Menschen halten frustriert an Hobbys fest, Hausbesitzer riskieren für Renovierungen Kopf und Kragen, obwohl ihr Haus längst ein Fall für die Abrissbirne ist … Und all das nur, weil sie doch schon so viel reingesteckt haben!

Ein Grund für dieses Verhaltensmuster trägt den sperrigen Namen „Trugschluss der versunkenen Kosten" oder etwas griffiger im Englischen: „sunk-cost effect". Dieses Phänomen kann eine Folge der weiter oben dargestellten Verlustaversion sein. Erstmals beschrieben wurde dieser Effekt von Daniel Kahneman und Amos Tversky in ihrer Prospect Theory.[177] Seither wurde er in hunderten von wissenschaftlichen Studien untersucht. Menschen tendieren dazu, weiter in etwas zu investieren, weil sie bereits darin investiert haben – auch wenn es rein rational oder wirtschaftlich betrachtet gar keinen Sinn mehr ergibt. Der Gedankengang läuft in etwa so ab: „Wenn ich jetzt damit aufhöre, war die ganze vorangegangene Mühe umsonst!" Eine in der Vergangenheit liegende Investition beeinflusst also die Entscheidung über zukünftige Investitionen oder wie es gerne ausgedrückt wird: Gutes Geld wird schlechtem hinterhergeworfen.[178]

Auch in Bezug auf die Nutzung von Games kann der sunk-cost effect ein Grund sein, warum sich jemand nicht von einem Spiel lösen kann. Die Gedanken kreisen um die vielen Euros und Spielstunden, die bereits in die digitale Welt geflossen sind. Die Vorstellung, dass all dies verloren wäre, ist einfach zu enttäuschend und so steckt der Spieler in einer endlosen Schleife von

Investitionen fest, ohne zu realisieren, dass anderswo vielleicht viel mehr Spaß auf ihn wartet. In verschiedenen wissenschaftlichen Studien konnte gezeigt werden, dass jüngere Menschen anfälliger für diesen Trugschluss sind als ältere.[179] Das Bewusstsein für diesen Effekt in jüngeren Zielgruppen zu schärfen und seine Wirkweise zu erklären, erscheint daher besonders sinnvoll.

TIPPS

- Versuche bei Kaufentscheidungen in In-Game-Shops eine bewusste Geisteshaltung einzunehmen: Fälle überlegte Entscheidungen, statt dein Gehirn auf Autopilot laufen zu lassen.
- Führe Buch über deine Mikrotransaktionen. Das hilft dir, die Summe der Ausgaben im Auge zu behalten.
- Setze dir einen wöchentlichen oder monatlichen Maximalbetrag für Mikrotransaktionen und halte dich daran. So kannst du es vermeiden, deine finanziellen Ressourcen überzustrapazieren.
- Überlege dir, ob generell Prepaidkarten für dich als sicheres Zahlungsmittel in Frage kommen, da der Betrag, den du ausgeben kannst, dabei automatisch limitiert ist.
- Zahlst du mit In-Game-Währung, die du vorher mit Echtgeld erworben hast? Dann versuche, den Angebotspreis in Echtgeld zu ermitteln, bevor du kaufst.
- Lass dich von Rabatten, Sonderangeboten und Beigaben nicht stressen: Verlockende Angebote gehören zur Strategie der Shops und werden nicht knapp. Die nächste Chance folgt garantiert.
- Berücksichtige bei deiner Entscheidung über weitere Investitionen nicht nur deine bereits erfolgten Investitionen, sondern betrachte ganz bewusst den aktuellen und zukünftigen Wert einer weiteren Investition.
- Wenn du immer wieder zu unüberlegten Impulskäufen neigst, oder vermeiden möchtest, dass ein anderer Käufe tätigt: In-Game-Käufe lassen sich in der Regel auf vielen Geräten und Plattformen deaktivieren! Nutze diese Funktion.

KAPITEL 8

GLÜCKSSPIELSIMULATIONEN

SOUND UND VISUAL DESIGN: VIVA LAS VEGAS!

WIE ANFÄNGERGLÜCK ZOCKERHERZEN EROBERT

DIE KONTROLLILLUSION: GLÜCK KANN ICH!

DER KNAPP-DANEBEN-EFFEKT: GANZ NAH DRAN

ALGORITHMEN: DIE KUNST, ZUFALL ZU ERSCHAFFEN

LOOTBOXEN: DIE KÖNIGIN DER GLÜCKSSPIELSIMULATIONEN

INNOVATIVE KONZEPTE

GLÜCKSSPIELSIMULATIONEN UND SMARTPHONES

WIE IN-GAME-GEWINNE ZU ECHTEM GELD WERDEN: DAS LOCH IM ZAUN

SKIN GAMBLING

JUNGE GAMER UND DER GLÜCKS-KICK

TIPPS

Glücksspiel ist „Big Business“: Schätzungen zufolge beläuft sich das globale Marktvolumen auf rund 280 Mrd. US-Dollar jährlich. Bis 2030 wird pro Jahr eine durchschnittliche Wachstumsrate von über 10 % erwartet.[180] Viel spannender als diese Zahlen dürfte aber die Feststellung sein, dass Glücksspiel keine Erfindung der Moderne ist. Menschen sind seit jeher vom Glücksspiel fasziniert. Erste Hinweise auf zufallsbasierte Spiele – damals in Form sechsseitiger Würfel – finden sich bereits 3.000 Jahre vor Christus. Im 17. Jahrhundert öffnete in Italien das erste offizielle Casino und 1899 wurde mit der „Liberty Bell“ der erste maschinelle Glücksspielautomat erfunden.[181] Elektronische Elemente werden bereits seit den 1960er Jahren und Mikroprozessoren seit den 1980ern in Glücksspielautomaten verbaut.[182] Seit Mitte der 1990er bekommt die ohnehin enorme Anziehungskraft von Glücksspiel Rückenwind durch Internet, Mobilfunk und die damit verbundenen Vertriebsmöglichkeiten. Heutzutage kann man alle gängigen Glücksspielformen online spielen, jederzeit und bequem von zu Hause. Der geschätzte Bruttospielertrag von Online-Glücksspiel lag bereits 2022 bei rund 63,5 Mrd. US-Dollar.[183]

Aber was hat Glücksspiel eigentlich mit Gaming zu tun? Im Internet und den einschlägigen App Stores werden echte Glücksspiele neben Games mit Glücksspielsimulationen angeboten.[184] Teilweise stammen sie sogar von denselben Anbietern und nicht immer ist auf den ersten Blick erkennbar, ob es sich um echtes Glücksspiel oder eine Simulation handelt. „Echtes“ Glücksspiel erfüllt drei Kriterien: Die Teilnahme ist entgeltpflichtig, der Spielausgang hängt ganz oder überwiegend vom Zufall ab und der Gewinn repräsentiert einen echten Vermögenswert.[185] Hierzu gehören Spiele in Casinos und Spielhallen, Geldspielautomaten, Lotterien und ihre Online-Versionen, auf die diese Merkmale zutreffen.

Bei Glücksspielsimulationen fehlt mindestens eines dieser Kriterien. Ein Merkmal haben sie jedoch alle gemein: Gewinne werden nicht in Echtgeld ausgezahlt. Bei den Gewinnen handelt es sich lediglich um digitale Güter, In-Game-Währung oder Rabatte, die nur im Spiel verwendbar sind und dort verbleiben.[186] So besagen es zumindest die Richtlinien der Publisher. Glücksspielsimulationen gelten in Deutschland entsprechend nicht als Glücksspiel, obwohl sie hinsichtlich Spieldesign und Spielverhalten starke Ähnlichkeiten aufweisen. Im Klartext bedeutet dies: Während echtes Glücksspiel durch den Glücksspielstaatsvertrag[187] und das Jugendschutzgesetz[188] reguliert und gesetzlich nur Volljährigen zugänglich ist, sind Glücksspielsimulationen auch von Minderjährigen nutzbar. Glücksspielsimulationen werden im Gaming vielfältig eingesetzt:

- Als „Social Gambling“ mit Simulationen klassischer Casinospiele wie Poker, Blackjack oder Roulette.[189]

- Eingebunden als Einzelelement (z. B. Lootboxen) in komplexere Spielhandlungen. So beispielsweise bei *Counter-Strike 2*, *Call of Duty*, *EA Sports FC*, *Stumble Guys*, *Royal Match* oder *Brawl Stars*.
- Als Kernelement von „Social Games", bei denen der Spielverlauf maßgeblich durch Zufallsergebnisse von Glücksrädern, Spielautomaten und ähnlichem bestimmt wird. Beispiele hierfür sind *Coin Master*, *Coin Beach* und *Dice Dreams*: Hier werden In-Game-Münzen durch Glücksspiel und Plünderungen verdient, die dann in den Bau eines Dorfes investiert werden können.[190] Man beachte die Zielgruppe des Spiels *Dice Dreams*, das von der USK ab 16 freigegeben ist, im Apple App Store jedoch bereits ab vier Jahren empfohlen wird![191]

Diese Simulationen integrieren das Spiel mit dem Zufall in den Alltag von Millionen und tragen damit in gewissem Maße zur Normalisierung von glücksspielähnlichen Inhalten bei. Prognosen zufolge wird die zunehmende Popularität von Glücksspielsimulationen und die damit verbundene Veränderung der Spielgewohnheiten die Nachfrage nach echten Glücksspielen in Zukunft antreiben.[192] Der Nachwuchs wird sozusagen von klein auf „herangezüchtet". Während Menschen wie ich, die nicht mit Glücksspielsimulationen in Games aufgewachsen sind, diese hinterfragen, sind Lootboxen & Co. für jüngere Generationen völlig normal und werden oft unreflektiert und mit großer Selbstverständlichkeit konsumiert. Welche konkreten Auswirkungen dies hat, wird erst in einigen Jahren durch empirische Untersuchungen nachweisbar sein.

Bei der Entwicklung von Simulationen werden Erkenntnisse aus der Glücksspielpsychologie genutzt und Techniken des regulierten Glücksspiels angewendet. Teilweise gehen diese sogar darüber hinaus. Entsprechend entsteht ein Format, das eine gestalterische und inhaltliche Nähe zu echtem Glücksspiel aufweist sowie vergleichbare psychologische Wirkungen auslöst. Wenn du dich also schon mal darüber gewundert hast, warum du oder andere immer weiterspielen und einen Euro nach dem anderen für Lootboxen oder den nächsten Spin am Glücksrad ausgeben, dann sei nicht überrascht. In den folgenden Abschnitten erhältst du die Erklärung dafür.

SOUND UND VISUAL DESIGN: VIVA LAS VEGAS!

Das Sound und Visual Design von echtem Glücksspiel wie Geldspielautomaten und Glücksspielsimulationen ähnelt sich in vielerlei Hinsicht. In beiden Bereichen wird ein erheblicher Aufwand in die Gestaltung investiert. Im Prinzip geht es immer darum, dem Spieler ein Gefühl von Spaß und Spannung zu vermitteln und ihn möglichst lange an das Spiel zu fesseln.

Damit der Spieler voll und ganz auf das Spiel fokussiert bleibt und nicht abgelenkt wird, füllen Simulationen von Spielautomaten oder Glücksrädern häufig den gesamten Bildschirm oder nehmen einen Großteil desselben ein.[193] Viele Glücksspielsimulationen beinhalten zudem unterschiedliche Spielmodi und sorgen damit für Abwechslung. Regelmäßige, schillernd präsentierte Boni wie weitere Gratis-Spieldurchläufe simulieren Erfolg, was dazu anspornt, weiterzuspielen.[194]

Spieldurchläufe und Gewinnausschüttungen werden mittels Sound und Visual Effects aufwändig inszeniert. Unter den Glücksspielsimulationen fallen in diesem Kontext insbesondere die Lootboxen auf, deren Öffnung einer systematischen Dramaturgie folgt, in der zahlreiche spannungssteigernde Elemente zu finden sind: Sound Effects wie Fanfaren, Explosionen, Münzenklirren, Applaus, aufmunternde und epische Melodien, Visual Effects wie Lichtstrahlen, Blinken, Rotationen und andere Animationen.[195] Wie auch bei stationären Geldspielautomaten unterstützen solche optischen und akustischen Reize Emotionen wie Vorfreude und Spannung. So wird nicht nur der Gewinn zum Erlebnis, sondern bereits der Spieldurchlauf folgt einer emotional aufgeladenen Dramaturgie, durch die selbst Trostpreise erscheinen wie ein Hauptgewinn.

Die Phase des Öffnens von Lootboxen und den damit verbundenen Erwartungskick bezeichnet man auch als „Pack" bzw. „Box Opening Fun" und dieser wird unter Gamern geradezu zelebriert. Dieses Phänomen zählt zu den Hauptgründen, warum wiederholt Lootboxen gekauft werden.[196] Ganze Kanäle auf Plattformen wie Youtube und Twitch sind auf das Öffnen von Lootboxen ausgerichtet und es wurden bereits hallenfüllende Live-Opening-Events rund um Lootboxen konzipiert.[197] Die Simulation an sich wird zu einer „Show", der einzelne Gewinn verkommt zur Nebensache.

Natürlich sollen Spieldurchläufe Spaß machen und begeistern. Doch den Animationen und Geräuschen fällt im Spieldesign eine weitere Bedeutung zu, da sie das Belohnungssystem des Gehirns aktivieren können. Bei Wiederholungsspielern zeigt sich, dass sich die audiovisuellen Begleitreize mit dem tollen Gefühl von Spiel und Gewinn verknüpfen. Ab einem gewissen Zeitpunkt genügen dann allein diese spezifischen Reize, um die Freisetzung von Dopamin auszulösen, selbst wenn gerade nicht gespielt wird. Diese neurochemische Reaktion kann das Verlangen nach einer Spielrunde verstärken.[198] Manche Casinos und Spielhallen leiteten aus diesem Grund eine Zeitlang Geräusche von Glücksspielautomaten bis auf die Straße, da auf diese Weise Wiederholungsspieler – oder besser gesagt Spielsüchtige – angelockt werden konnten. Diese Praxis entspricht der klassischen Konditionierung, nach der auf einen ehemals neutralen Reiz eine bestimmte Reaktion erfolgt. Ein bekanntes Beispiel hierfür ist der Pawlowsche Hund. Sobald dieser die Glocke hörte, die sonst das Futter ankündigte, begann er zu speicheln, auch wenn noch gar kein Futter in Sichtweite war.

Gelingt es Game Designern, diese neurochemischen Prozesse zu beeinflussen, kann das besonders für Menschen mit problematischem Spielverhalten oder Spielsucht zu einer großen Herausforderung werden. Wie empfänglich jemand für diese Einflüsse ist, variiert individuell allerdings stark und hängt von zahlreichen Faktoren ab, die weit über das Wesen des Spiels hinausgehen.

WIE ANFÄNGERGLÜCK ZOCKERHERZEN EROBERT

Einmal abgetaucht in die bunte Welt der virtuellen Gewinne, erwartet einen schon das nächste „Goodie“: Anfängerglück! Du startest ein neues Spiel und obwohl du keine Ahnung davon hast, gewinnst du! Dein Erfolg scheint grenzenlos und die virtuellen Goldmünzen trudeln nur so herein … Der Hammer!

Aus der Glücksspielforschung ist bekannt, dass Anfängerglück die Spieler langfristig binden kann. Während frühe Verlierer sich schnell anderen Beschäftigungen zuwenden, kann ein erfolgreicher Einstieg ein Grund sein, weiterzuspielen.[199] Denn Menschen neigen dazu, sich an eindrucksvolle Ereignisse wie einen großen Gewinn oder eine Glückssträhne besser zu erinnern und überschätzen sie dadurch in ihrer Häufigkeit.[200] Genauso wird nach einem Erfolg oft der eigene Einfluss auf den Gewinnprozess überbewertet. So glauben beispielsweise 75 % der pathologischen Glücksspieler an die Ausbaufähigkeit ihres „Anfängerglücks“.[201] Die Gaming-Industrie nutzt diesen Effekt gezielt aus. Im Gegensatz zu Roulette oder Lotterien kann im Gaming Anfängerglück durch mathematische Algorithmen künstlich erzeugt werden. Das Ziel dabei ist, den Einstieg ins Spiel so motivierend wie möglich zu gestalten, um eine positive Spielerfahrung zu schaffen. Aus wirtschaftlicher Sicht fördert die gezielte Platzierung von großen Gewinnen oder Glückssträhnen zu Beginn die langfristige Bindung der Spieler und im besten Fall auch ihre finanziellen Investitionen in das Spiel. Die Anwendung solcher Praktiken ist für Glücksspielsimulationen gut dokumentiert.[202]

Viele Free-to-Play-Spiele sind so angelegt, dass ernstzunehmende Gewinne und Erfolge mit der Zeit immer länger auf sich warten lassen und somit auch die damit verbundenen guten Gefühle ausbleiben. Strebt der Gamer nach Wiederherstellung des positiven Anfangszustands, so erscheint der Griff ins Portemonnaie als legitimes Mittel, denn Geldausgaben versprechen in Glücksspielsimulationen zumindest immer eins: mehr Chancen auf Gewinne.

DIE KONTROLLILLUSION: GLÜCK KANN ICH!

Hast du dich schon mal dabei ertappt? Festes Würfeln für hohe Zahlen, sanftes Würfeln für niedrige Zahlen, Geburtsdaten auf dem Lottoschein oder ein besonders beherzter Druck auf den Anforderungstaster der Fußgängerampel, damit es schneller grün wird? Ich will niemanden desillusionieren, aber … Hierbei handelt es sich um typische Beispiele einer Kontrollillusion.

Die Kontrollillusion ist ein wissenschaftlich belegtes Phänomen, welches den verbreiteten Irrglauben von Menschen beschreibt, durch eigenes Zutun unbeeinflussbare Ereignisse manipulieren zu können. Menschen überschätzen oft ihren Einfluss und unterschätzen dabei die Bedeutung des Zufalls.[203] Die eigene Fähigkeit, Unbeeinflussbares kontrollieren zu können, wird insbesondere dann überschätzt, wenn bestimmte Handlungen, wie Entscheiden, Auswählen oder auch haptische Fertigkeiten wie Würfeln, aktiv ausgeführt werden können. Sehr deutlich macht dies ein Forschungsbefund der US-amerikanischen Psychologin Ellen J. Langer. Teilnehmer, die ein Lottolos eigenhändig auswählen durften, schätzten den Wert ihres Loses deutlich höher ein als Teilnehmer, denen ein Los von jemand anderem zugewiesen wurde.[204] Die unterschiedliche Wahrnehmung des Werts eines Loses beruhte auf der Annahme, die eigene Entscheidung habe einen positiven Einfluss auf den Gewinn, den man erhält.

Bei zufallsbasierten Ereignissen kann der Mensch durch eine Auswahl, beispielsweise eines Loses, zwar Einfluss nehmen, aber das Ergebnis kontrolliert er dadurch natürlich noch lange nicht. Je stärker die Kontrollillusion ausgeprägt ist, desto motivierter sind Menschen, dasselbe Verhalten zu wiederholen.[205] Und genau hier wird es spannend: Gelingt es Anbietern von Glücksspiel(-simulationen), eine Kontrollillusion auszulösen oder zu verstärken, so kann dies zu häufigerem und längerem Spielen führen, was wiederum mit höheren finanziellen Ausgaben einhergehen kann.

Genau zu diesem Zweck werden illusionsunterstützende Elemente eingebaut, die ein Gefühl von Aktivität und Einflussnahme auf den Spielausgang vermitteln. Vom Drücken eines Buttons, um den Spin eines Glücksrads zu starten oder zu stoppen, über das individuelle Einstellen von Drehrichtungen bis hin zur Auswahl von Würfeln in der persönlichen Glücksfarbe ist alles denkbar.[206] Ein Beispiel sind die als Raubüberfälle inszenierten Glücksspielsimulationen in *Coin Master*. Im Dorf eines anderen Spielers kann an drei von vier mit einem X markierten Stellen nach Münzen gegraben werden. Eine Stelle ist eine „Niete". Dem Spieler wird die Entscheidung überlassen, an welchen Stellen er graben möchte, was den Eindruck von Einflussnahme fördert. Im Endeffekt regiert hier aber nur einer: der Zufall oder anders gesagt, ein Algorithmus.

Wenn du also glaubst, du verfügst über ein besonderes System oder Talent, Glücksspiele oder Glücksspielsimulationen „knacken" zu können, dann ist die Kontrollillusion möglicherweise ein Grund dafür, dass du immer und immer wieder spielst, auch wenn rationale Faktoren gegen deinen Erfolg sprechen. Ein Blick auf das Spiel offenbart möglicherweise recht schnell eine Mechanik, die deine Illusion stärkt.

DER KNAPP-DANEBEN-EFFEKT: GANZ NAH DRAN!

Als Kind habe ich meinem Opa in einem Landgasthof manchmal beim Zocken an einem Geldspielautomaten zugesehen. Auf drei mittig platzierten Walzen sollte möglichst dasselbe Symbol erscheinen, um den Gewinn auszulösen. Ich erinnere mich nicht, dass mein Opa abgesehen von einigen kläglichen Münzen jemals an einem der Automaten Geld gewonnen hätte. Er hat aber sehr oft „fast gewonnen"!

Diese Wahrnehmung amüsiert mich bis heute. Was bedeutet „fast gewonnen"? Damals erschienen immerhin zwei gleiche Symbole in der Horizontalen statt drei. Und auf der dritten Walze sah man das benötigte Symbol sogar, doch leider eine Position von der Horizontalen entfernt. Statt zu sagen „Oh, schon wieder verloren!" interpretierte ich die 2 von 3 als „Wow, Opa, fast gewonnen!". Das Glück schien zum Greifen nah und so war ich voller positiver Erwartung, wenn mein Opa per Knopfdruck die nächste Runde startete …

Es handelt sich hierbei um einen bekannten kognitiven Fehlschluss, den sogenannten „Knapp-Daneben-Effekt". Spieler, denen ein Gewinn „knapp" entgangen ist, schätzen die Gewinnwahrscheinlichkeit einer kommenden Runde höher ein als sie tatsächlich ist.[207] Ein Spielrundenausgang wird behandelt als hätte er einen Einfluss auf die nächste Runde. „Fast-Gewinne" tragen auf diese Weise dazu bei, dass weitergespielt wird. Man ist ja ganz nah dran! Es gibt aber keine Kausalität, denn selbst wenn man in zehn Würfen keine Sechs hatte, erhöht das die Wahrscheinlichkeit einer Sechs im elften Wurf nicht.

Spieleentwickler können diesen Effekt nutzen, indem die Anzahl an Fast-Gewinnen künstlich erhöht wird oder Verluste visuell wie Fast-Gewinne dargestellt werden.[208] Dies geschieht beispielsweise, indem ein großer Gewinn neben einem „Trostpreis" platziert wird, verbal unterstrichen wird, wie nah man doch dran sei („Soooo close! Try again!"), oder indem angegeben wird, wie viele Spieler schon gewonnen haben. Letzteres arbeitet mit „Social Proofing", worauf ich im Kapitel 5 („Sozialkapital") eingegangen bin. Ein Beispiel für visuelle Fast-Gewinne finden sich auch bei virtuellen Glücksrädern: Gewonnen wird der Gegenstand, auf den ein mittig platzierter Zeiger zeigt, sobald das Rad anhält.

Kurz vor dem endgültigen Stopp wird die Illusion erweckt, der Zeiger bliebe auf einem wertvollen Skin stehen oder schwinge noch zu ihm rüber. Doch im letzten Moment wird es wieder ein „Trostpreis". Links oder rechts davon erscheinen die knapp verpassten Skins – oft von wesentlich höherer Attraktivität.

Liegst du bei Glücksspielsimulationen also häufig „nur knapp daneben", dann ist das möglicherweise kein Zufall, sondern Resultat einer findigen Programmierung oder gelungenen visuellen Präsentation.

ALGORITHMEN: DIE KUNST, ZUFALL ZU ERSCHAFFEN

Die vorangegangenen Beispiele zeigen, wie Publisher in Glücksspielsimulationen psychologische Effekte für ihre Zwecke nutzen können. Das ist jedoch nicht alles, denn auch bei der Erzeugung von Zufallsergebnissen kann – für den Spieler unsichtbar – kräftig designt werden.

Im Gaming werden zur Ermittlung von Zufallsergebnissen meist (Achtung, jetzt folgt ein Wort mit 30 Buchstaben!) Pseudozufallszahlengeneratoren eingesetzt, kurz: PRNG (englisch für pseudo random number generator). Mittels mathematischer Algorithmen werden möglichst „realistische" Zufallsergebnisse generiert, die – sofern einem der Algorithmus nicht bekannt ist – von echten Zufallsergebnissen nicht unterscheidbar sind.[209] Solche Algorithmen sind beliebig programmierbar und können von Spiel zu Spiel variieren, je nachdem, welche Anforderungen Publisher an die Zufallscharakteristik stellen. Sie werden also nicht nur für die reine Ermittlung von Zufallsergebnissen genutzt, sondern können auch zugunsten oder zulasten der Gamer manipuliert werden. So können sie zu besonders viel Glück „verhelfen", um beispielsweise anfänglich für ein Spiel zu begeistern. Genauso können sie dazu beitragen, Menschen auszunehmen wie eine Weihnachtsgans. Welche Relevanz Algorithmen für das Errechnen von Zufallsergebnissen besitzen, lässt sich eindrücklich am Beispiel von Lootboxen erkennen.

LOOTBOXEN: DIE KÖNIGIN DER GLÜCKSSPIELSIMULATIONEN

Das Thema Lootboxen wird seit Jahren intensiv diskutiert, da diese Spielmechanik verschiedene Merkmale verbindet, die eine Suchtwirkung verstärken können. In China sind Lootboxen stark reguliert, in Belgien sowie den Niederlanden sogar verboten. Aufgrund der anhaltenden Kritik entfernten einige Publisher diese Angebote bereits aus ihren Spielen.[210] Trotzdem sind sie weiterhin Bestandteil vieler Spiele und gelten als ertragreiche Cash Cow. Knapp 60 % der Mobile Games und 36 % der PC-Games verfügten im Jahr 2020 über eine Lootbox-Mechanik.[211] Schätzungen zufolge beläuft sich der jährliche Umsatz mit Lootboxen auf über

15 Mrd. US-Dollar.[212] Allein *Counter-Strike: Global Offensive* setzte in 2023 ca. 1 Milliarde US-Dollar nur mit Lootboxen um.[213] Der Nachfolger *Counter-Strike 2* dürfte mindestens genauso erfolgreich sein.

Auf den ersten Blick erinnern Lootboxen an die altbekannten Panini-Päckchen. Sie enthalten einen virtuellen Zufallsgewinn, der je nach Spiel variiert zwischen Skins, Items, Collectibles, In-Game-Währung oder auch einer Kombination daraus. Prinzipiell geht es immer darum, in einer Lootbox einen besonders wertvollen Gewinn zu finden. Bei Skins und Items gilt: Je seltener, desto besser! Lootboxen werden in der Regel mit Echtgeld bzw. In-Game-Währung gekauft und können in manchen Spielen als Belohnung gewonnen werden. Der große Unterschied zu Panini-Päckchen: Die Sammlung wird in den meisten Games nie voll – es gibt also keine natürliche Begrenzung für Käufe.

Niedrige Gewinnwahrscheinlichkeiten

Aufgrund staatlicher Regulierungen diverser Länder müssen in immer mehr Spielen Gewinnwahrscheinlichkeiten zugunsten einer höheren Transparenz deklariert werden. Wer schon mal einen Blick auf diese Zahlen geworfen hat, dürfte auf Wahrscheinlichkeiten mit mehreren Nullen hinter dem Komma gestoßen sein. Die Gewinnwahrscheinlichkeit von besonders seltenen Gegenständen erweist sich mit weit unter 1 % häufig als verschwindend gering. Ein Beispiel: In der sogenannten „Mithril Chest“-Lootbox im Spiel *Art of Conquest* lag die Wahrscheinlichkeit, 10.000 Goldmünzen zu erhalten, bei nur 0,00515 %, und für den „5 Hour Building Rush“ betrug sie sogar nur 0,0008 %.[214] An dieser Stelle sei schon mal viel Glück gewünscht!

Eines der prominentesten Beispiele einer erfolgreichen Lootbox-Strategie war die *FIFA*-Reihe bzw. das seit 2024 als *EA Sports FC* vermarktete Fußball-Game von Electronic Arts. Im Ultimate Team Modus stellt man sein eigenes Team zusammen und tritt gegen andere Spieler aus der ganzen Welt an. Hierfür werden „Packs“ erspielt oder kostenpflichtig erworben, die eine Zufallsauswahl an digitalen Karten real existierender Fußballprofis aus sämtlichen Ligen enthalten. Die gewonnen Spieler können dann im eigenen Team eingesetzt werden. Seltenheitswert und Leistungsniveau variieren zwischen den Spielern. Die Spieler haben also einen direkten Einfluss auf den Erfolg im Spiel – sind also Pay-to-Win – was den Kauf solcher Packs besonders attraktiv macht.

Die verfügbare Anzahl an Spielern ist unüberschaubar hoch. Einzelne Spieler wurden in *FIFA 23* teilweise in bis zu elf verschiedenen Varianten präsentiert, die alle unterschiedliche Werte hatten. Die Gewinnwahrscheinlichkeiten der unterschiedlichen Spielerkategorien können im Spiel nachgelesen werden und zeigen, dass die Chancen auf begehrte Sonderkarten schlecht stehen. Jan Böhmermann zitierte in seiner Sendung „Magazin Royale" eine Berechnung des norwegischen Verbraucherschutzes für *FIFA 22*. In diesem Spiel belief sich die Gewinnwahrscheinlichkeit einer Sonderkarte des Fußballers Kylian Mbappé auf 0,11 %. Um diese Karte zu gewinnen, war ein durchschnittlicher Kauf von 847 Jumbo-Rare-Packs zu insgesamt 1,7 Millionen „FIFA-Points" notwendig. Umgerechnet sind das ca. 13.500 Euro.[215] Selbst wenn man eine solch begehrte Karte gewinnen sollte: Der Nutzen währt nur kurz, denn die Karten sind nicht auf die Season des jeweils nächsten Jahres übertragbar.

Ob nun Wahrscheinlichkeiten veröffentlicht werden oder nicht: Viele Menschen – hier insbesondere Kinder und Jugendliche – haben keine Vorstellung davon, was derart geringe Chancen tatsächlich für den Spielverlauf, das persönliche Zeitkontingent und den Geldbeutel bedeuten.[216] Das große Glück könnte sich theoretisch in der nächsten Lootbox befinden. Dieser Grundgedanke ist entscheidend und so wird, oft angetrieben von Fast-Gewinnen, Kontrollillusion, Hoffnung und Gewinnfantasien, optimistisch weitergespielt.

Glück trifft Pay-to-Win

In manchen Spielen sind Lootbox-Inhalte mit einer Pay-to-Win-Strategie verknüpft. Dies ist immer dann der Fall, wenn durch Inhalte spielmechanische Vorteile erzielt werden können. Gewinne sind hier nicht nur mit kurzfristigen Glücksmomenten verknüpft, sondern wirken sich auf den Spielfortschritt aus. Bekannt für diese Strategie ist, wie oben schon angemerkt, u. a. *EA Sports FC*.

Diese Strategie ist bei vielen Gamern verpönt, aber aus psychologischer Sicht ein raffinierter Schachzug, denn gerade kompetitiv veranlagte Menschen zeigen sich risikobereiter und aufgeschlossener gegenüber Glücksspiel.[217] Spieler, die gerne in Wettbewerb treten und ihre Rivalen unbedingt besiegen wollen, dürften sich von einem Format wie Lootboxen generell eher angesprochen fühlen und einen Geldeinsatz in Erwägung ziehen. Das Produkt ist entsprechend gut auf diese Zielgruppe zugeschnitten.

Adaptive Wahrscheinlichkeiten

Moderne Spiele müssen bis zu einem gewissen Grad personalisiert sein, um langfristig zu motivieren. Das bedeutet, dass beispielsweise Schwierigkeitsgrade individuell angepasst werden müssen, um die Spannung aufrechtzuerhalten. Solche Anpassungen erfolgen durch Algorithmen.

Algorithmen, auf deren Basis Spielerfahrungen personalisiert werden, haben auch hinsichtlich der Gewinnwahrscheinlichkeiten eine enorme Bedeutung. Sie können so programmiert werden, dass sie die Gewinnwahrscheinlichkeit auf Basis bestimmter Daten anpassen. Man spricht dann von „adaptiven Wahrscheinlichkeiten". In einigen Ländern sind solche Algorithmen notwendig, um staatliche Vorschriften zu erfüllen. So muss beispielsweise in China ein begehrter Gewinn nach einer gewissen Anzahl geöffneter Lootboxen auf jeden Fall ausgeschüttet werden.[218] Die Anzahl ist vom Publisher frei definierbar, muss aber für den Spieler transparent sein. Bekannt für ein sogenanntes „Pity System" (auf Deutsch ironischerweise also „Mitleidssystem") ist das Fantasy-Action-Rollenspiel *Genshin Impact*. In diesem Spiel wird nach maximal 90 Versuchen ein seltener Charakter garantiert.[219] Um diese Versuche zu erhalten, kauft man sogenannte „Gebete" mit In-Game-Währung, die zuvor mit Echtgeld erworben wurde. Früher konnte man auf diese Weise bis zu 440 Euro für einen garantierten Charakter ausgeben.[220] Mehr Transparenz ist also nicht immer gleichzusetzen mit niedrigen Kosten. Heutzutage sind die Preise möglicherweise anders, aber das Prinzip bleibt dasselbe.

Ihr volles ökonomisches Wirkpotenzial zeigen adaptive Wahrscheinlichkeiten allerdings erst auf Ebene eines jeden einzelnen Gamers. Von Publishern angemeldete Patente lassen darauf schließen, dass die Gewinnwahrscheinlichkeiten von Lootboxen mittels selbstlernender Algorithmen individuell an Gamer angepasst werden.[221] Grundlage hierfür sind ihr vorangegangenes Spiel- und Kaufverhalten, welches erkannt und analysiert wird. Man kann sich das wie folgt vorstellen: Spieler X kauft wöchentlich Lootboxen in zweistelliger Anzahl. Warum also den begehrten Gewinn nicht erst in die 20. oder 30. Box packen und seine Zahlungsbereitschaft maximal ausreizen? Spieler Y hingegen zeigt eine niedrige Zahlungsbereitschaft. Warum ihm den Gewinn nicht nach einer Anzahl von Boxen im einstelligen Bereich ausschütten, um seine Begeisterung für das Spiel zu steigern und ihn davon zu überzeugen, dass Investitionen sich lohnen?[222]

Übersetzt auf den Preis heißt das: Spieler X zahlt für den begehrten Lootbox-Gewinn wesentlich mehr als Spieler Y. Klingt unfair? Ist es auch! Allerdings merkt Spieler X das nicht, da er Gewinne bzw. Verluste schlicht und einfach für Glück oder Pech hält. In welchen Spielen dies tatsächlich Anwendung findet, ist unklar und ein wohlgehütetes Geheimnis.

INNOVATIVE KONZEPTE

Einige Publisher zeigen sich äußerst innovativ, was die Abwandlung von Lootboxen betrifft, um Länderregulierungen zu umgehen.

Ein Beispiel hierfür ist *Diablo Immortal*. Hier wird die Lootbox gewissermaßen als Belohnung nach einem Kampf inszeniert. Besiegt man in einer Kampfrunde einen „Boss", so „droppt" dieser Loot, das heißt, er wirft Beute ab, die man dann als Belohnung einsammeln kann. Der Inhalt obliegt dem Zufallsprinzip. Diese Belohnungen kann man durch gekaufte „Siegel", sogenannte Crests, verbessern. Man erkauft sich also die Chance auf eine attraktivere Zufallsbelohnung. Garantiert ist diese allerdings nicht, denn merke: Es handelt sich ja weiterhin um eine ZUFALLSbelohnung! Reizt man dies komplett aus und lädt jede Kampfrunde in einer Stunde mit der maximal möglichen Anzahl an Crests (10 Stück pro Runde, 12 Runden spielbar) auf, so kostet das in dieser einzigen Stunde 284 Euro.[223] Diverse Streamer berichteten in der Vergangenheit auf ihren Kanälen davon, auf diese Weise vier- bis fünfstellige Summen ausgegeben zu haben, ohne den erhofften Gewinn zu erhalten.[224]

Ein weiteres Beispiel ist *Brawl Stars*, aus dem Lootboxen im Jahr 2023 entfernt wurden. Allerdings nur vermeintlich. Lootboxen, die früher gekauft und gewonnen werden konnten, wurden strenggenommen einfach ersetzt. Die breite Palette an Zufallsbelohnungen, die früher in den Lootboxen enthalten war, spucken nun drehende Sterne, sogenannte Starr Drops, aus. Der Unterschied: Man kann Starr Drops nicht kaufen, sondern nur erspielen. Am Tag kann man drei Starr Drops gewinnen. Einen nach dem ersten, einen nach dem vierten und einen nach dem achten Rundensieg. Maskiert als „normale" Belohnungen für Siege funktionieren die Starr Drops nach dem gleichen Prinzip wie Lootboxen. Für den Zufallsgewinn wird nicht mehr mit Geld, sondern mit Zeit bezahlt. Diese Änderung wirkt fast wie eine Art „Greenwashing", um das Unternehmen in einem besseren Licht erscheinen zu lassen, ohne die Kernprobleme von Glücksspielsimulationen zu adressieren. Die zugrunde liegenden psychologischen Tricks bleiben bestehen und fesseln das junge Publikum von *Brawl Stars* weiterhin.

Durch solche oder ähnliche Methoden werden die Zufallsbelohnungen zu einem Teil des Gameplays, was die Einstufung als zahlungspflichtige Glücksspielsimulation erschwert und in gewissen Ländern gegen bestehende Regulierungen schützt. Solange Gamer für Lootboxen und andere Glücksspielsimulationen Geld zahlen oder wesentlich mehr Zeit investieren, ist davon auszugehen, dass gewisse Publisher weiterhin nach Wegen suchen werden, diese Spielmechanik attraktiv zu halten und durch innovative Veränderungen gegen Verbote abzuschirmen.

GLÜCKSSPIELSIMULATIONEN UND SMARTPHONES

Eine US-amerikanische Studie zeigte, dass sich das Risiko einer Glücksspielsucht verdoppelt, wenn man im Umkreis von 10 Meilen um ein Casino lebt.[225] Dies verdeutlicht die potenzielle Gefahr, die von der schnellen und einfachen Erreichbarkeit von Glücksspielangeboten ausgeht. Angesichts dieses Befunds rückt insbesondere die Integration von Glücksspielsimulationen in Mobile Games und deren Spielbarkeit über Smartphones in den Fokus. Diese Simulationen sind noch viel leichter zugänglich als lokale Casinos. Ein Griff in die Hosentasche genügt und sie sind rund um die Uhr verfügbar. Die Hürde, zu spielen, ist also minimal. Gerade für Suchtgefährdete kann dies ein besonderes Risiko darstellen.

WIE IN-GAME-GEWINNE ZU ECHTEM GELD WERDEN: DAS LOCH IM ZAUN

Eines der kontroversesten Themen ist die Monetarisierung von Lootbox-Gewinnen durch die Gamer selbst. Die bedeutendste Rolle spielen hierbei Skins. Obwohl die Nutzungsbedingungen der meisten Publisher den Weiterverkauf von In-Game-Items gegen Geld ausschließen, hat sich ein Markt entwickelt, in dem die Grenzen zwischen virtuellen Gewinnen und echtem Geld verfließen.

Auf diversen digitalen Marktplätzen wird im Rahmen von sogenanntem Skin Trading mit Skins und Items gehandelt. Die Preisspanne erstreckt sich von wenigen Euros bis hin zu Beträgen in sechsstelliger Höhe. Hier kommt es immer wieder zu unglaublichen Veräußerungen wie im Fall eines anonymen Käufers, der für zwei sehr seltene virtuelle Waffen aus *Counter-Strike: Global Offensive* 500.000 US-Dollar zahlte.[226] Es gibt wenige Produkte, bei denen Preis und tatsächlicher Produktwert so stark voneinander abweichen.

In diesem Zusammenhang wird teilweise von „hybridem Glücksspiel“ gesprochen.[227] Obwohl virtuelle Gewinne aus Lootboxen offiziell keinen monetären Gegenwert haben, werden diese Gewinne in einen „hybriden“ Zustand zwischen virtuellem Gut und echtem Geld versetzt. Nutzt man diese Strukturen, so kann mit Gewinnen aus digitalen Spielen tatsächlich Geld verdient werden.[228] Publisher profitieren hiervon indirekt, da das Interesse an Lootboxen durch diesen Markt gesteigert wird und zu höheren Verkaufszahlen führen kann. Spieler erwerben Lootboxen in der Hoffnung, seltene Skins zu ziehen, die sie dann zu hohen Echtgeld-Preisen verkaufen können.

SKIN GAMBLING

Eng verbunden mit dem Handel von Skins ist das Phänomen des Skin Gambling, bei dem virtuelle Gegenstände als Währung für verschiedene Arten von Glücksspielen dienen. Dies geschieht auf externen, oft unregulierten

Plattformen, die sowohl Erwachsene als auch Minderjährige anziehen, ohne eine Altersprüfung durchzuführen. Spieler setzen ihre Skins beispielsweise auf den Ausgang von eSports-Matches oder verwenden sie als Einsatz in verschiedenen Online-Glücksspielen wie Roulette oder Blackjack. Dabei zahlen sie ihre Skins „ein" und erhalten basierend auf dem Seltenheitsgrad der Skins einen „realen" Wert, der in virtuelle Währungen wie Coins umgewandelt wird. Diese können dann wie Jetons im Casino eingesetzt werden. Gewinnt man in den Spielen, so erhält man bessere Skins oder mehr virtuelle Währung. Beides kann auf den externen Plattformen jedoch auch in Echtgeld getauscht werden. So werden Menschen über den Umweg des Gamings an echtes Glücksspiel herangeführt.

Da Spielmechaniken wie Lootboxen oder auch Verknappungsprinzipien Vorgehensweisen wie Skin Trading und Skin Gambling erst attraktiv machen, stellt sich die Frage, inwieweit die Spieleentwickler mitverantwortlich sind für die daraus resultierenden Konsequenzen.

JUNGE GAMER UND DER GLÜCKS-KICK

Kinder, Jugendliche und junge Erwachsene, deren Persönlichkeit und neurologische Strukturen noch nicht voll entwickelt sind, gelten als besonders anfällig für die Entwicklung eines problematischen Spielverhaltens im Allgemeinen und von Glücksspielsucht im Speziellen. Studien liefern Hinweise darauf, dass in der Zielgruppe der 16- bis 24-jährigen Lootboxen ein Grund für die Entstehung eines problematischen Spielverhaltens sind. Junge Gamer, die Lootboxen nutzen, neigen mit höherer Wahrscheinlichkeit dazu, später Glücksspiele zu spielen und damit verbundene Probleme zu entwickeln.[229]

Die Verantwortung für Minderjährige, die zu Süchtigen werden, liegt also nicht allein bei deren Erziehungsberechtigten, sondern auch bei den Publishern, deren Spieldesigns sogar in Spielen für sehr junge Zielgruppen darauf abzielen, die Nutzung zu maximieren, und dadurch das Suchtrisiko erhöhen. Die USK sensibilisiert mit ihren Alterskennzeichnungen für dieses Thema. Seit 2023 zählen auch glücksspielähnliche Mechanismen wie Lootboxen zu den Prüfkriterien der USK und beeinflussen die Alterskennzeichnung. Spiele mit Lootboxen werden mittlerweile ab 12 Jahren eingestuft.[230] Enthält ein Spiel weitere Merkmale, die problematisch sind, kann die Alterseinstufung natürlich auch höher ausfallen. Angesichts der oben geschilderten Befunde sollte jedoch bedacht werden, dass auch Jugendliche ab 12 Jahren noch besonders anfällig für die Wirkmechanismen solcher Mechaniken sind.

TIPPS

Spielst du ein Game mit Glücksspielsimulation wie beispielsweise Lootboxen? Folgende Ratschläge können dir helfen, ein gesundes Spielverhalten beizubehalten:

- Überlege, welchen Einfluss die Glücksspielsimulation auf dein Spiel- und/ oder dein Bezahlverhalten hat.
- Wäge die Vor- und Nachteile der Glücksspielsimulation ab.
- Unterziehe deine Denkmuster einem Reality-Check: Glaubst du, dein Anfängerglück wiederholt sich, wenn du lange genug spielst? Bist du der Meinung, du kannst das Ergebnis der Glücksspielsimulation beeinflussen? Fühlt sich der große Gewinn ganz nah an, weil er dir gerade nur knapp entgangen ist? Ersetze solche Trugschlüsse durch realistische Annahmen: Eine Glückssträhne oder der Ausgang einer vorangegangen Spielrunde haben keinen Einfluss auf das Ergebnis der nächsten Runden. Und leider kannst du Glücksspielsimulationen nicht steuern.
- Prüfe, ob die Gewinnwahrscheinlichkeiten in deinem Spiel veröffentlicht werden. Falls ja, betrachte nicht nur diese, sondern errechne die Wahrscheinlichkeit des Gegenteils und führe sie dir vor Augen. Ein Beispiel: Die Gewinnwahrscheinlichkeit des „Mystischen Alphatierchens" liegt bei 0,5 %. Mit einer Wahrscheinlichkeit von 99,5 % gewinnst du das „Mystische Alphatierchen" also NICHT!
- Bist du gut in Mathematik und kennst die Gewinnwahrscheinlichkeit eines speziellen Gewinns? Dann errechne, wieviel Geld du potenziell ausgeben musst, um ihn zu gewinnen. Ist er das Geld wirklich wert?
- Für Eltern und pädagogische Fachkräfte: Bei der Auswahl geeigneter Spiele sollte immer beachtet werden, ob Glücksspielsimulationen integriert sind, da besonders junge Gamer gefährdet sind, die Kontrolle über ihr Spielverhalten zu verlieren. Kinder und Jugendliche, die Games mit Glücksspielsimulationen spielen, sollten über die Mechanismen, Gewinnchancen und Risiken aufgeklärt werden. Des Weiteren können auf vielen Geräten und Plattformen technische Jugendschutzprogramme („Parental Control") aktiviert werden, die dabei helfen, den Zugang zu solchen Inhalten einzuschränken.

KAPITEL 9

DATEN: DAS ÖL DER GAMING-INDUSTRIE

WIE GAMER DIE DATENTRUHE FÜLLEN

DATEN UND SPIELOPTIMIERUNG

DATEN UND MONETARISIERUNG

DER GLÄSERNE GAMER?!

TIPPS

Daten sind schon seit jeher die Essenz digitaler Spiele, denn diese bestehen strenggenommen nur aus Daten: Programmcodes, Grafiken, Audiodateien und vieles mehr werden während des Spielens in Echtzeit verarbeitet, um Interaktivität, visuelle und akustische Erfahrungen zu schaffen. Auch die Speicherung von Daten wie Spielständen, Siegen, Besitz, Spielernamen etc. war schon immer unerlässlich, um Spiele mitsamt ihrer inneren wirtschaftlichen Struktur erfolgreich zu steuern.

Durch digitale Transformation, Entwicklungen in den Bereichen Künstliche Intelligenz und Maschinelles Lernen haben sich sowohl Datenmengen und Datenanalysen, als auch die Verwendungspotenziale von Daten drastisch verändert. Provokant gesagt: Big Data ist zum Steroid der Gaming-Industrie geworden, denn die Analyse der riesigen Datenmengen offenbart tiefe Einblicke in die Persönlichkeit und das Verhalten von Gamern – ein wertvoller Wissensvorsprung, der zu unterschiedlichen Zwecken genutzt werden kann.

WIE GAMER DIE DATENTRUHE FÜLLEN

Gamer produzieren durch ihre Spielaktionen gewaltige Datenmengen. Jede Handlung eines Spielers erzeugt einen Datenpunkt. Vom Zeitpunkt des Einloggens in ein Spiel bis zu einzelnen Klicks und Interaktionen werden viele Spuren hinterlassen, die gespeichert, ausgewertet und anschließend analysiert werden können. Diese Daten (bzw. ihre Beschreibung durch Metadaten) machen Verhalten und Persönlichkeitsstrukturen beobachtbar. Auf diese Weise fallen bei komplexen Multiplayer-Titeln mit mehreren Millionen Spielern viele Terabyte an Daten an.[231] Und das jeden Tag. Zum Vergleich: Ein Terabyte entspricht in etwa dem Datenvolumen von 6,5 Millionen PDF-Seiten.

Hinzu kommen zahlreiche persönliche Angaben, die bei der Erstregistrierung oder dem Download eines Spiels durch die Abfrage sozio-demographischer Variablen wie Alter, Geschlecht und Standort erhoben werden. Die Zustimmung zu Allgemeinen Geschäftsbedingungen, App- und Webseiten-Berechtigungen und nicht zuletzt die Verknüpfung von Spielen mit Social-Media-Konten wie Facebook machen weitere Daten zugänglich.

Das Absurde ist, dass die Freigabe all dieser Daten freiwillig geschieht. Die in der EU geltende Zustimmungspflicht versucht Konsumenten genau hierfür zu sensibilisieren, doch oftmals bleiben AGB & Co. ungelesen und (oft subtile) digitale Ankreuzkästchen werden leichtfertig angeklickt. Mit Blick auf den massiven Umfang der dahinterstehenden Erklärungen ist dies wenig verwunderlich. Die Datenschutzrichtlinien und Nutzungsbedingungen eines Spiels wie *League of Legends* umfassen an die 13.000 Wörter, die eines einfachen

Mobile Games wie *Gardenscapes* knapp 7.000. Bei einer durchschnittlichen Lesegeschwindigkeit beträgt die Lesedauer ca. 65 bzw. 33 Minuten und selbst wenn diese Zeit investiert würde, bliebe vieles unverstanden und intransparent.[232] Hinzu kommt, dass man hinsichtlich eines Großteils der Datenabgabe keine wirkliche Wahl hat. Nach dem Motto „Take it or leave it" muss man den Datenschutzrichtlinien und Nutzungsbedingungen der Publisher zustimmen, um ein Spiel überhaupt spielen zu können. Eine Ausnahme bilden Werbetrackings, die häufig ohne negative Konsequenz abgelehnt werden können.

Während manche Spiele nur geringe Mengen an Information abgreifen, erweisen sich andere als regelrechte Datenvampire. Das niederländische Cybersecurity-Unternehmen Surfshark veröffentlichte eine Studie[233], in deren Rahmen über 60 Länder hinweg für die jeweils 50 beliebtesten Mobile Games aus dem Apple App Store untersucht wurde, welche Daten sie von ihren Usern abgreifen können.[234] Unter den Top 10 der datenhungrigsten Gaming Apps befanden sich mit *Subway Surfer*, *Gardenscapes* und *Roblox* Spiele, die sich auch in Deutschland großer Beliebtheit erfreuen. 64 % von den insgesamt 510 untersuchten Mobile Games waren zum Untersuchungszeitpunkt darauf ausgerichtet, abseits der Daten, die direkt im Spiel anfallen, auch Browsing- und Suchverläufe, Kaufhistorien, Fotos, Videos, Audiosamples, E-Mails, Textnachrichten, Kontakte, Telefonnummern und genaue Standorte über Smartphones abzugreifen. Allesamt Informationen, die weit über den Bedarf der meisten Spiele hinausgehen. Nur zwölf der untersuchten Mobile Games sammelten keine persönlichen Daten.

Bezeichnenderweise sind alle Mobile Games unter den Top 10 der datenhungrigsten Apps Free-to-Play. Man zahlt also keinen einzigen Cent fürs Spielen. Doch, dass diese Spiele gratis sind, ist ein Trugschluss, denn Daten sind längst eine Währung für sich. Schätzungen beziffern den weltweiten Markt für Datenhandel auf 200 Milliarden US-Dollar.[235] Wenn es dich nichts kostet, zahlst du womöglich trotzdem mit etwas Wertvollem, nämlich deinen persönlichen Daten. In diesem Fall bist du selbst das Produkt, mit dem Geld verdient wird.

Diese Praxis sollte man im Hinterkopf behalten, wenn man sich neue Spiele herunterlädt oder online nutzt und auf verschiedenen Wegen den Zugang zu persönlichen wie verhaltensbezogenen Daten ebnet. Ich glaube, viele Menschen können sich vermutlich nicht vorstellen, wie hoch die Aussagekraft und wie vielfältig der Einsatz solcher Daten tatsächlich sein kann, ansonsten würde hier viel häufiger ein „zweiter Blick" riskiert. Hierzu komme ich gleich.

DATEN UND SPIELOPTIMIERUNG

Die Speicherung und statistische Verarbeitung der gigantischen Datenmengen, die direkt beim Spielen anfallen, gilt bei einem Großteil der Publisher als unverzichtbar, um Spiele kontinuierlich verbessern und selbstverständlich auch personalisieren zu können. Entsprechend sammeln und analysieren Publisher zahlreiche Benutzerdaten: Wann, wie häufig, wie lange wird gespielt? Wie schnell werden einzelne Level gemeistert? Welche Taktiken werden bevorzugt? An welchem Punkt wird ein Spiel abgebrochen? Wie entwickelt sich das Spielverhalten eines Gamers über die Zeit hinweg? Viele derartige Variablen können im Rahmen von „Game Analytics" unter die Lupe genommen und für eine effiziente Optimierung und Individualisierung des Gameplays genutzt werden.[236] Ihre Analyse offenbart, welche Funktionen eines Spiels optimiert werden müssen, um die bestmögliche Spielerfahrung zu bieten. Steigen beispielsweise viele Spieler an der gleichen Stelle eines Spiels frühzeitig aus, so kann genau dort angepasst werden. Basierend auf Spielerdaten kann auch der Schwierigkeitsgrad individuell gesteuert und an das individuelle Können angepasst werden. So bleibt das Spiel langfristig attraktiv, egal wie gut oder schlecht jemand ist.

Je mehr Daten zur Verfügung stehen, desto mehr lernt das System über seine User. Die Unmengen an Daten, die gesammelt werden, können mithilfe von Künstlicher Intelligenz und Maschinellem Lernen in sehr komplexen Modellen aggregiert werden. Auf Grundlage dieser Modelle können dann erstaunlich genaue Benutzerprofile erstellt und Prognosen zu zukünftigem Verhalten getroffen werden. Basierend auf diesen Analysen lassen sich im Spiel viele unterschiedliche Komponenten individuell auf die Vorlieben, Bedürfnisse oder Reaktionen eines einzelnen Spielers oder einer Gruppe anpassen. Eine solche Anpassung kann im Vorfeld, aber auch in Echtzeit während des Geschehens erfolgen. Das ist in etwa so, als könntest du beim Tennisspielen ab einem gewissen Zeitpunkt voraussagen, wo dein Gegner den nächsten Ball hinschlagen wird. Ein immenser Vorteil! Nur ist es hier andersherum: Das Spiel weiß ganz viel über dich, aber du weißt nur wenig über das Spiel. Es herrscht also eine Informationsasymmetrie zugunsten des Publishers.[237]

Die Individualisierung von Spielen ist wichtig für ein langfristig optimales Spielerlebnis. Allerdings bedeutet Personalisierung nicht immer im Sinne aller eine Verbesserung, da sie auch genutzt werden kann, um das Verhalten der Spieler zu beeinflussen und die Nutzungsdauer zu maximieren.[238] Die enormen Datenmengen ermöglichen es Publishern, Spiele so zu entwickeln, dass Menschen nur noch schwer von ihnen loskommen. In den USA reichten Eltern eine Klage gegen Gaming-Giganten wie Epic Games und Activision ein. Unter

Rückgriff auf angemeldete Patente der Publisher wurde argumentiert, dass diese durch gewisse Strategien absichtlich Verweildauer und damit Spielsucht fördern – darunter auch datenbasierte Algorithmen, die der Personalisierung von Spielverläufen dienen.[239]

In Experimenten wurde bereits bestätigt, dass der Einsatz komplexer Algorithmen, die basierend auf der individuellen Spielhistorie maßgeschneiderte Quest-Empfehlungen generieren, die Spielerbindung erheblich steigern können.[240] Kurz gesagt: Während du dich in einer virtuellen Welt vertiefst, kann das System im Hintergrund sicherstellen, dass du genau das erlebst oder siehst, was dich besonders motiviert und möglichst lange bei der Stange hält. Dieser Aspekt steht auch immer wieder im Mittelpunkt der Debatte rund um die vermeintliche Manipulation durch Soziale Medien. Sogenannte Engagement-Algorithmen nutzen persönliche Daten wie Interessen, Standort und Sozialkontakte, um Inhalte zu präsentieren, die die Beteiligung und Aufmerksamkeit einer Person besonders stark fesseln, mit dem Ziel, sie so lange wie möglich auf der Plattform zu halten.[241]

Wie dies zu bewerten ist, liegt im Auge des Betrachters. Wird ein Spiel durch diese Art der Personalisierung erst richtig gut? Oder sind diese Algorithmen ein Grund dafür, dass Spiele zu Treibsand werden und Menschen weit über die geplante Spielzeit hinaus darin versinken? Festzuhalten bleibt: Um den hohen Anforderungen von Gamern an moderne Spiele gerecht zu werden, kann bis zu einem gewissen Grad nicht auf Datenanalyse zum Zweck der Optimierung verzichtet werden, doch diese Strategie beinhaltet ganz offensichtlich auch Möglichkeiten für Missbrauch. Diese Gefahr besteht immer dann, wenn als Ergebnis von „Behavioral Tracking“, also der Analyse verhaltensbezogener Daten, oder auch anderer Daten Strategien entwickelt werden, die Verhalten in eine gewünschte Richtung manipulieren. Spieleentwickler tragen in dieser Hinsicht eine hohe Verantwortung. Möglicherweise oftmals eine Zerreißprobe zwischen ethischen Überlegungen und Gewinnstreben. Eine Medaille mit zwei Seiten.

DATEN UND MONETARISIERUNG

Doch Daten werden nicht nur zu Optimierungszwecken eingesetzt. Sie sind ein Rohstoff, der in puncto Monetarisierung ein ungeheures Potenzial bietet. Mit Daten wird Geld verdient und Umsatz generiert. So beispielsweise, wenn Daten über die Grenzen eines Games hinaus für personalisierte Werbung genutzt werden. Oder indem sie beim Generieren von In-Game-Angeboten berücksichtigt werden, um Kaufverhalten zu beeinflussen.

Personalisierte Werbung?

Im Marketing sind Daten Gold wert, denn sie ermöglichen, Werbung an die richtige Zielgruppe zu senden. Zu diesem Zweck verwenden Gaming Apps, Plattformen und Webseiten User-Tracking-Tools. Über individuelle Gerätekennungen oder Cookies werden Nutzer identifiziert, deren Interessen, Kaufverhalten, besuchte Webseiten und anderes gespeichert werden. Die Zustimmung zum Tracking wird, wie ich weiter vorne bereits gezeigt habe, oft unbewusst über Webseiten- oder App-Berechtigungen erteilt. Diese Daten werden dann genutzt, um personalisierte Werbung auszuspielen. Soll ein Spieler eine Werbung eingeblendet bekommen, setzt der dahinterliegende Algorithmus alles daran, die gesammelten Daten des Nutzers mit den verfügbaren Werbeinhalten abzugleichen und die für ihn relevanteste Werbung anzuzeigen. Auf dieser Basis ist sogenanntes Micro-Targeting möglich, in dessen Rahmen gewisse Werbeinhalte nur sehr speziellen Zielgruppen oder gar Einzelpersonen gezeigt werden. Diese Technologie hat die Art und Weise, wie Werbetreibende mit potenziellen Kunden kommunizieren, stark verändert.

Gerade im Free-to-Play-Segment gibt es zahlreiche Apps, die sich primär über diese Methode finanzieren. Daten werden in diesem Rahmen auch von Dritten benutzt oder sogar an diese verkauft. Diese Vorgehensweise geriet im Rahmen des Cambridge Analytica Skandals in die Schlagzeilen. Der Forscher Alexander Kogan verkaufte Daten von ca. 87 Mio. Facebook-Nutzern an das Unternehmen Cambridge Analytica, welches diese für personalisierte Wahlwerbung missbrauchte.[242] Kogan hatte eine Persönlichkeitstest-App programmiert, die man über Facebook nutzen konnte. Zusätzlich zu den Testergebnissen hatte er Informationen aus Facebook-Profilen der Teilnehmenden sowie ihrer Kontakte erfasst. Der Skandal hatte weitreichende Auswirkungen auf den Datenschutz. Facebook schränkte infolgedessen die Zugriffsmöglichkeiten ein, dennoch erhalten Apps weiterhin viele Informationen aus diesen Profilen.

Für Werbung, die gesteuert an spezielle Zielgruppen ausgespielt wird, können höhere Preise verlangt werden. Entsprechend groß kann also die Motivation sein, möglichst viele Daten zu sammeln und auf dieser Basis die Kasse zum Klingeln zu bringen.

Personalisierte In-Game-Angebote?

In-Game-Käufe sind, wie wir gesehen haben, ein wesentlicher Bestandteil vieler Spiele. Auch sie können durch Daten maßgeblich beeinflusst werden: Gesammelte Informationen zu Vorlieben und zum Kaufverhalten von Gamern ermöglichen es Games Publishern ganz allgemein, für ihre Community begehrenswerte In-Game-Angebote zu entwickeln. Auf der Basis von Datenanalysen werden zudem involvierendere Spielerlebnisse geschaffen, wodurch die Bindung der Spieler zunimmt. Und diese intensivere Bindung erhöht wiederum die Bereitschaft, Geld für virtuelle Güter auszugeben. So weit, so gut.

Daten können jedoch auch eingesetzt werden, um Angebote – fast schon im Sinne einer Hyper-Personalisierung – auf einzelne Gamer zuzuschneiden. Diesen Ansatz zeigte der australische Professor Daniel L. King in einer Patentanalyse, die im Journal „Computers in Human Behaviour" veröffentlicht wurde. Diverse Patente beschreiben KI-basierte Systeme, die Verhaltensdaten nutzen, um individuell auf einen Spieler zugeschnittene In-Game-Angebote zu präsentieren.[243] So beispielsweise registriert über die Spieleentwickler Activision und NetEase, die zu den zehn größten Games Publishern der Welt zählen.[244] Die in den Patenten beschriebenen Technologien zielen darauf ab, In-Game-Angebote mit Blick auf das Spiel-, Kauf- und Zahlungsverhalten eines Gamers zu individualisieren.[245] Spielsituationen werden so gestaltet, dass sie das Kaufbedürfnis steigern und auf Basis selbstlernender Algorithmen werden immer dann In-Game-Items angeboten, wenn die individuelle Kaufbereitschaft am höchsten ist. Auch die Gewinnwahrscheinlichkeiten bei Lootboxen können, wie bereits in Kapitel 8 dargestellt, auf das individuelle Gamer-Verhalten und die Zahlungsbereitschaft eines jeden Einzelnen zugeschnitten werden.[246]

Die Verwendungsmöglichkeiten von Daten zur Umsatzsteigerung sind weitreichend und können manipulativ sein. Für Spieler sind diese im Hintergrund ablaufenden Mechanismen völlig intransparent. In welchen Spielen solche Praktiken Anwendung finden, ist ein gut gehütetes Geheimnis. Wirft man neben den Patenten allerdings einen genaueren Blick auf die Datenschutzrichtlinien einiger Mobile Games, so lassen auf verhaltensbezogene Daten ausgerichtete Formulierungen wie „Wir verwenden diese Daten (…) zur Anpassung von Angeboten im Spiel" vermuten, dass solche oder ähnliche Verfahren tatsächlich eingesetzt werden.[247] Jedem dürfte klar sein, dass diese Vorgehensweise ethisch äußerst fragwürdig ist.

DER GLÄSERNE GAMER?!

Das eifrige Datensammeln brachte dem ein oder anderen Gaming-Giganten in der Vergangenheit schon einen Mordsärger ein. So musste Epic Games, der Entwickler von *Fortnite*, wegen Datensammlung von Minderjährigen und nicht autorisierten In-Game-Verkäufen im Jahr 2022 eine Strafe von 520 Millionen US-Dollar zahlen.[248]

Wie wichtig der Schutz von Persönlichkeitsrechten und persönlichen Daten – damit verbunden auch in Spielen gewonnene Verhaltensdaten – ist, verdeutlicht folgendes Beispiel von Nick Yee, der in seiner Forschungsarbeit rund um „Game Analytics“ Datenanalyse mit Sozialwissenschaft und Psychologie kombiniert. Laut Yee haben gewisse Verhaltensweisen im Spiel *World of Warcraft* eine sehr hohe Vorhersagekraft für die Unfallanfälligkeit einer Person beim Autofahren im echten Leben.[249] Wissenschaftlich betrachtet könnte man hierin eine interessante Verbindung zwischen virtuellem Verhalten und realen Risikofaktoren sehen. Erlangt nun ein Autoversicherer Zugriff auf diese Verhaltensdaten … Die Konsequenz muss ich wohl nicht weiter ausführen. Dieses Beispiel deutet an, wie mächtig die Aussagekraft von Daten sein kann und vermittelt eine Ahnung von der Tragweite, wenn Daten in die falschen Hände geraten. Big Data ermöglicht schier unendliche Nutzungsmöglichkeiten.

Was mit Daten gemacht werden kann, ist maßgeblich abhängig von den Datenschutz- und Verbraucherschutzbedingungen einzelner Länder. Während in der EU die Rechtsauffassung besteht, dass die Daten dem Nutzer einer App gehören, können Daten in China beispielsweise ohne Hindernisse gesammelt und genutzt werden. Dies ist mit ein Grund dafür, dass die Chinesen auf dem Gebiet von Game Analytics und der Entwicklung damit verbundener Business Intelligence Tools[250] weltweit führend sind.[251]

In dieser Hinsicht können wir uns glücklich schätzen, dass EU-weit Datenschutz im Sinne der Verbraucher groß geschrieben wird und durch die in der Datenschutzgrundverordnung geregelte zweckgebundene Zustimmungspflicht den Nutzern zumindest eine gewisse Kontrolle über die eigenen Daten eingeräumt wird. Durch rechtliche Neuerungen auf EU-Ebene wie zuletzt 2024 mit Inkrafttreten des Digital Sales Acts sowie des Digital Services Acts wird versucht, Verbraucher im digitalen Raum noch besser zu schützen. Durch die ständige Flut neuer Angebote auf dem Markt und die oft im weit entfernten Ausland ansässigen Betreiber ist es allerdings nahezu unmöglich, alle erhältlichen Spiele auf die Einhaltung unserer Rechtsauffassung zu prüfen. Aus diesem Grund ist es essenziell, sich bewusst zu sein, dass beim Spielen ein digitaler Fußabdruck hinterlassen wird und jeder Einzelne eine Mitverantwortung für seine Daten trägt.

TIPPS

Die eigenen Daten zu schützen ist prinzipiell wichtig. Hier sind einige Tipps, die dir dabei helfen können:

- Lese Datenschutzrichtlinien und Nutzungsbedingungen. Informiere dich, welche Daten erfasst und analysiert werden und entscheide erst dann, ob du ein Spiel wirklich spielen möchtest.
- Überprüfe, welche Berechtigungen du z.B. einer App erteilst. Welche benötigt sie wirklich und welche verlangt sie für Zwecke, die nichts mit dem Spiel zu tun haben? Erteilte Berechtigungen können auf dem Smartphone auch im Nachhinein eingesehen und rückgängig gemacht werden.
- Kamera und Mikrofon: Bei Smartphones dienen verschiedene gut erkennbare Informationsindikatoren dem Schutz der Privatsphäre. So zeigt beim iPhone (ab iOS 14) ein grüner Punkt in der Statusleiste an, wenn eine App auf die Kamera zugreift. Ein orangefarbener Punkt weist auf den Zugriff einer App auf das Mikrofon hin.[252] Unter Android (ab Version 12) erfolgt der Hinweis auf die Verwendung von Kamera oder Mikrofon durch die Anzeige eines grünen Symbols in der rechten oberen Ecke des Displays.[253] Diese Anzeigen dienen als Sicherheitsmaßnahme, um unerwünschte Zugriffe zu erkennen, leuchten aber auch auf, wenn du selbst das Mikro oder die Kamera benutzt. Falls der Grund für ein Aufleuchten beim Verwenden einer App nicht erkennbar ist, könnte dies ein Hinweis dafür sein, dass mehr Daten abgegriffen werden als notwendig. In einem solchen Fall lassen sich die Zugriffsberechtigungen der App auf Kamera und Mikrofon in den Einstellungen ausschalten.

KAPITEL 10

AUFMERKSAMKEIT: GAMING UND WERBUNG

IN-GAME-ADVERTISING: WERBUNG ALS TEIL DER SPIELWELT

WERBEPAUSEN: WARUM WIR VIEL MEHR WERBUNG SEHEN ALS WIR WOLLEN

PAY-TO-SKIP: GAME OVER FÜR DIE WERBUNG?

WERBUNG FÜR MOBILE GAMES: WENN NICHTS IST, WIE ES SCHEINT

EINFLUSS JENSEITS DER SPIELE: GAMING-INFLUENCER & CO.

TIPPS

Was haben Louis Vuitton, Starbucks, Adidas, Nike, Mastercard, Balenciaga, Kentucky Fried Chicken und eine ganze Menge Mobile Games gemeinsam? Alle haben das Gaming-Universum bereits für Werbezwecke genutzt oder nutzen es auch aktuell. Die Liste derer, die Games als Werbemedium für sich entdeckt haben, ist lang.

Während in den 1980ern Menschen täglich mit circa 350 bis 650 Werbebotschaften konfrontiert wurden, sind es heute weit über 10.000.[254] Es verwundert also nicht, dass Werbetreibende nach immer neuen Wegen suchen, Menschen zu erreichen und ihre Aufmerksamkeit zu fesseln. So wurden auch digitale Spiele bereits kurz nach ihrer Entstehung zum Umfeld für Werbung. Produktplatzierungen in Videospielen existieren seit den Achtzigern und im gleichen Jahrzehnt wurden auch die sogenannten Advergames geboren – Spiele, die ausschließlich zur Bewerbung eines bestimmten Produkts oder einer Marke entwickelt werden. Ein Beispiel für ein Advergame, das international für Furore sorgte, ist die 1999 veröffentlichte *Moorhuhnjagd* der Whiskey-Marke Johnny Walker. Je nachdem, wie alt du bist, erinnerst du dich vielleicht noch daran.

Die hohen Reichweiten der heutigen Games ermöglichen es, mehr Menschen mit Botschaften zu erreichen als je zuvor. Gerade in Spielen, die Gamer langfristig und intensiv binden, können Menschen über weite Zeiträume hinweg in Momenten großer Aufmerksamkeit immer wieder gezielt mit Werbung konfrontiert werden. Auch trifft man hier Zielgruppen, die anderweitig als schwer erreichbar gelten. So beinhaltete beispielsweise Barack Obamas „Early Voting Campaign" 2008 In-Game-Werbung in Spielen von Electronic Arts, um junge männliche Wähler anzusprechen. Auf den Banden virtueller Stadien erschien Obamas Konterfei gemeinsam mit einem Wahlslogan.[255] Im Rahmen einer weiteren politisch motivierten Aktion versuchten finnische Journalisten 2023, die russische Zensur zu umgehen und junge Russen über den Angriffskrieg gegen die Ukraine aufzuklären, indem sie im Onlinespiel *Counter-Strike: Global Offensive* (*CS:GO*) einen versteckten Raum mit Informationen und Berichten zum Krieg integrierten.[256] Zu diesem Zeitpunkt spielten ca. vier Millionen Russen *CS:GO*.

Publisher bewerben ihre Spiele aktiv als Werbeumfeld, denn Werbung stellt für sie eine weitere lukrative Einnahmequelle dar.[257] Gerade im Free-to-Play-Bereich eröffnet sich die Möglichkeit, auch von den Gamern zu profitieren, die nicht bereit sind, direkt – etwa durch In-Game-Käufe – zu zahlen. Unsere Aufmerksamkeit wird hier zum Produkt und an die werbetreibende Industrie verkauft.

Die Art und Weise, wie Werbung in Games platziert wird, zeigt zwischen einzelnen Spielen große Unterschiede hinsichtlich Strategie, Qualität und Quantität. Von völliger Werbefreiheit bis zum kompletten Werbe-Overload ist alles vertreten. Ob und wie Werbung in ein Spiel integriert wird, hängt maßgeblich davon ab, wie sich ein Spiel finanziert. Während Vollpreisspiele und Games, die sich primär über In-Game-Käufe finanzieren, gar keine bis verhältnismäßig wenig Werbung integrieren und damit nur einen geschätzten Umsatzanteil von maximal 25 % generieren, erzielen Free-to-Play Mobile Games, deren primäre Einnahmequelle Werbung ist, über 90 % ihrer Einnahmen aus Werbung.[258]

Werbeeinnahmen sind sicher ein legitimes Mittel, um Umsatz zu generieren, doch der Grat zwischen erträglichem Werbedruck und penetranten, trickreichen Werbemaßnahmen ist schmal. Teilweise wird die Spielerfahrung durch Werbung sogar absichtlich beeinträchtigt, um den Verkauf werbefreier Abos anzutreiben. In welcher Form uns Werbung in der Gaming-Welt begegnet und was uns antreibt, uns doch noch den nächsten Spot reinzuziehen, zeigen die Beispiele dieses Kapitels.

IN-GAME-ADVERTISING: WERBUNG ALS TEIL DER SPIELWELT

In-Game-Advertising bezieht sich auf sämtliche Werbemaßnahmen, die direkt in ein Spiel integriert sind. Eine Zeitlang galten solche Maßnahmen in der Werbebranche als äußerst vielversprechend, konnten sich jedoch nicht so stark wie erwartet durchsetzen.[259] Heutzutage begegnet man dieser Art von Werbung vor allem in Action- und Sportspielen.

Simulationen realer Werbung: Nichts im Spiel ist so real wie die Werbung

Werbung wird, wie wir sie aus unserer realen Lebensumgebung kennen, ganz einfach in die Spielwelt transferiert. Werbebanner und -videos echter Marken fügen sich auf Litfaßsäulen, LED-Leinwänden, Banden in Stadien, Flaggen oder Trucks auf natürliche Art und Weise in die virtuelle Spielwelt ein. In vielen Online-Spielen gibt es zu diesem Zweck programmierte Platzhalter, die immer wieder mit neuer Werbung bespielt werden können. Ein Paradebeispiel hierfür sind die Spiele *EA Sports FC* und *League of Legends*, deren virtuelle Stadien mit Werbung ausgestattet sind, ähnlich wie in realen Stadien. *League of Legends* gilt weltweit als der größte E-Sport. Internationale Turniere werden teilweise von über 100 Millionen Zuschauern verfolgt. Auch während dieser Events können Werbetreibende Werbeplätze buchen. Häufig wird argumentiert, dass die Integration von Marken und Produkten der Spielwelt in solchen Fällen einen besonders realistischen Charakter verleiht und die Spielerfahrung dadurch zusätzlich bereichert wird. Und wenn wir mal ganz ehrlich sind, ein bisschen was ist ja dran: Oder hast du schon mal ein Fußballstadion ohne Bandenwerbung gesehen?

Die Liste der Marken, die derartige Werbung in ihren Marketing-Mix integriert haben, ist lang: Adidas in *FIFA International Sports*, Mastercard und Louis Vuitton in *League of Legends*, Burger King in *Pocket Bike Racer* und viele andere Giganten unserer Zeit.[260] Aus Sicht der werbetreibenden Industrie ist der Vorteil von In-Game-Werbung, dass Menschen relativ unaufdringlich in einem Moment hoher Aufmerksamkeit und emotionaler Beteiligung mit einem Werbeinhalt konfrontiert werden können.[261] Sofern dies nicht zu penetrant geschieht und zum Setting des Spiels passt, spricht aus Sicht vieler Gamer nichts dagegen. Alternativen wie Werbeunterbrechungen sind in der Gaming-Community, insbesondere bei Games, für die vorab Zahlungen fällig werden, zu Recht verpönt.

Während des Spielens besteht also die Möglichkeit, intensiv mit Werbung konfrontiert und damit in seiner Marken- und Produktwahrnehmung beeinflusst zu werden. Die Forscher Ingendahl, Vogel u. a. konnten in einer experimentellen Studie nachweisen, dass Marken insbesondere dann profitieren, wenn sie während eines positiven Spielerlebnisses wahrgenommen werden.[262] Das ist ein Rädchen, an dem Publisher gut drehen können.

Product- und Brand-Placements

Wie aus Kinofilmen und Serien bekannt, werden auch in Spielen Markenprodukte durch Product Placements integriert. Allerdings ist diese Form der Werbung verhältnismäßig selten. Zwei Beispiele sind das Spiel *Alan Wake*, in dem Batterien der Marke Energizer zum Betrieb der Taschenlampe des Protagonisten gesammelt werden mussten, und *Death Stranding*, in dem auf virtuellen Tischen „Monster Energy"-Drinks zu sehen waren.[263]

Während es sich hierbei um klassische Product Placements handelt, die keinerlei Relevanz für das Spiel besitzen, sind in manchen Spielgenres Markenplatzierungen jedoch sogar im Interesse der Gamer. In Action-Rennspielen wie *Need for Speed* und *Forza Horizon* fährt man Automodelle real existierender Marken. Der Spielspaß der Fans hängt hier maßgeblich davon ab, mit „echten" Autos zu fahren, und diese sind in den Spielen auch reichlich vorhanden. In *Forza Horizon Edition 5* existieren weit über 700 unterschiedliche Modelle – von Porsche über Hummer, Audi, Ford bis hin zum Ferrari.

Levels und Minigames: Spiele im Spiel

Eine Spezialform des In-Game-Advertisings nutzt Gamification, um Werbung in Spiele zu integrieren. Zu diesem Zweck werden ganze marken- oder produktbezogene Level, Minigames und andere Spielinhalte kreiert – teils verbunden mit immensem Aufwand und hohen Kosten. Durch das Spielen dieser Inhalte widmet der Spieler einer spezifischen Marke über einen längeren Zeitraum seine Aufmerksamkeit.

Anlässlich der MTV Video Music Awards 2022 launchte der Musiksender im Spiel *Roblox* eine sogenannte „branded area", einen Bereich also, in dem die Marke MTV inszeniert wird. In verschiedenen Minigames erhielt man dort Belohnungen wie die MTV-Gitarre, mit welcher der eigene Avatar sich dann durch *Roblox* bewegen konnte.[264] Im Battle-Royal-Spiel *PlayerUnknown's Battlegrounds Mobile* (kurz: *PUBG Mobile*) wurde die Marke Tesla aufwändig in den Spielmodus „Mission Ignition" integriert.[265] Gamer konnten das Modell Y in der virtuellen „Tesla Gigafactory" bauen und anschließend fahren, was eine gewisse Beschäftigung mit Marke und Modell mit sich brachte. Als weitere Modelle standen der Tesla Roadster und der Cybertruck zur Auswahl. Die Nutzung der Teslas brachte sogar spielstrategische Vorteile mit sich. Als E-Fahrzeuge waren sie im Vergleich zu anderen Fahrzeugen in *PUBG* leiser, was den Spielern ermöglichte, länger von Gegnern unentdeckt zu bleiben.[266] Dieses Beispiel zeigt, wie innovativ und kreativ die Wege sind, auf denen Marken in virtuellen Welten mit Zielgruppen in Kontakt treten.

Im Rahmen einer Studie konnte belegt werden, dass das Spielen mit den Teslas in PUBG Mobile die Kaufbereitschaft der Spieler gegenüber der Marke positiv beeinflusste.[267] Diverse Untersuchungen deuten darauf hin, dass In-Game-Werbung und Advergames im Allgemeinen einen potenziell starken Einfluss auf Kinder und jüngere Jugendliche haben.[268] Das Verständnis für die unterschiedlichen Werbeformen entwickelt sich erst im Laufe der Jahre, sodass gerade jüngere Menschen diese oft nicht kritisch genug hinterfragen.

Marken und Persönlichkeiten in In-Game-Shops

Real existierende Marken begegnen uns auch direkt in In-Game-Shops. Besonders der *Fortnite*-Entwickler Epic Games ist dafür bekannt, im Rahmen von Kollaborationen und Kooperationen Marken sowie international bekannte Celebrities ins Spiel einzubinden.[269] Während zeitlich begrenzter Aktionen können im *Fortnite*-Shop Skins erworben werden, die bestimmten Marken oder Persönlichkeiten zugeordnet sind. So gibt es Skins von Nike Air Jordan, Star Wars, Marvel, DC Comics, Neymar Jr., Ariana Grande, Travis Scott, Eminem und vielen mehr. Teilweise werden rund um diese Persönlichkeiten auch ganze In-Game-Events, wie beispielsweise Konzerte, gestaltet.

Im Rahmen einer dieser Aktionen staunte ich nicht schlecht, als bei meinem Sohn und seinen Freunden plötzlich der Balenciaga-Hype ausbrach. In Season

8 von *Fortnite* konnten Skins der Marke Balenciaga erworben werden, z. B. virtuelle Rucksäcke, Hoodies und mehr. Alle mit gut erkennbarem Schriftzug der Luxusmarke. Für 1.800 V-Bucks (ca. 14,38 Euro) konnte das virtuelle „Balenciaga Knights Pack" angeschafft werden. Und noch besser: Was online entdeckt wurde, sollte möglichst auch in der realen Welt her, denn Teile der Kooperationskollektion waren nicht nur in Form von Skins online, sondern auch als echte Kleidungsstücke in Balenciaga Stores erhältlich. Das günstigste Teil – ein T-Shirt – lag bei 375 Euro.[270] Die Aktion kassierte im Anschluss herbe Kritik, da die Werbung entgegen der ursprünglichen Planung nicht nur ältere Spieler, sondern auch Kinder ansprach.[271]

Diese Strategie kurbelt einerseits In-Game-Verkäufe an, kann aber auch das Interesse an weiteren Produkten der beworbenen Marke oder Person wecken. Die Bekanntheit der Marke oder Person steigt in neuen Zielgruppen, und beide Seiten profitieren vom besonderen Image des jeweils anderen. Angesichts der hohen Reichweite von Spielen wie *Fortnite* kann davon ausgegangen werden, dass Markentrends auf diese Weise deutlich verstärkt werden können.

WERBEPAUSEN: WARUM WIR VIEL MEHR WERBUNG SEHEN ALS WIR WOLLEN

Werfen wir einen Blick auf Mobile Games, die sich hauptsächlich über Werbung finanzieren, so begegnet uns Werbung oft in altbekannter Form, nämlich als Werbeeinblendung wie wir sie aus dem Fernsehen oder von YouTube kennen. Vor, während oder nach einer Spieleinheit werden Werbespots oder -banner eingeblendet, die eine bestimmte Marke, ein Produkt, eine Dienstleistung oder häufig einfach nur ein weiteres Mobile Game bewerben. Diese Art der Werbung wird unter dem Begriff „Around-the-Game-Advertising" zusammengefasst.[272] Im Vergleich zu klassischen Werbeunterbrechungen kommen hier jedoch clevere und manchmal auch ethisch fragwürdige Tricks zur Anwendung, die uns dazu bringen, viel mehr Zeit mit Werbung zu verbringen als uns lieb ist.

Hoher Werbedruck: Wenn das Spiel zum Werbeblock mutiert

Für In-App-Werbung existieren bei Google und Apple jede Menge Richtlinien und beide Anbieter bemühen sich um weitere Verbesserungen zugunsten einer höheren Nutzerfreundlichkeit.[273] Was weitgehend unreguliert und unkontrolliert erscheint, ist die Quantität der Werbung, die in einer App während eines gewissen Zeitrahmens gezeigt werden darf. Dies steht in krassem Gegensatz zu den Regulierungen anderer Medien wie öffentlich-rechtlichen und privaten TV-Sendern, für die der Medienstaatsvertrag in Deutschland genau festlegt, wieviel Werbung gesendet werden darf.[274] Entsprechend wird man gerade in

Mobile Games, die sich primär über Werbung finanzieren, mit sehr viel Werbung konfrontiert. Während der Arbeit an diesem Buch sind mir in dieser Hinsicht vor allem Casual Games negativ aufgefallen.

So werden beispielsweise im Blockmatching-Spiel *Tile Master 3D* kontinuierlich Werbebanner sowie Werbespots vor, während und nach den Spielrunden eingeblendet. Im August 2023 stoppte ich testweise die Dauer der Werbeeinblendungen und meine tatsächliche Spielzeit in *Tile Master 3D*. Insgesamt verbrachte ich sechs Minuten in der App. Hiervon spielte ich knapp über drei Minuten und sah in mehrere Einheiten aufgeteilt insgesamt 2:46 Minuten Werbung. Fast die Hälfte der Zeit! Und die permanent eingeblendeten Banner sind noch nicht einmal mit eingerechnet.

Die Zeit, die wir mit einem Mobile Game verbringen, kann durch Werbung stark verlängert werden. Leider betrifft dies auch Apps, die sich an Kinder richten. Ein Beispiel dafür ist die Pet-Care-Reihe *Talking Tom & Friends*, in der viel Werbung gezeigt wird, darunter in der Vergangenheit auch Werbespots für Online-Glücksspiel, was für Kinder völlig ungeeignet ist.[275] Eltern wird daher dringend empfohlen, insbesondere bei der Auswahl von Mobile Games explizit auf das Werbeumfeld zu achten. Mehr dazu findest du in der Rubrik „Tipps“ am Kapitelende.

Belohnte Werbung: Gucken und kassieren!

Manche Spiele sind speziell darauf ausgerichtet, Spieler zum Anschauen von besonders viel Werbung zu animieren. In diesen Spielen wird Werbung mit Belohnung verknüpft. Wir erhalten eine Belohnung für das Sehen einer Werbung und schenken dem Werbetreibenden dafür unsere Aufmerksamkeit und Zeit.[276] Gemäß einer Befragung von Unity Ads schauen 62 % der Spieler von Mobile Games regelmäßig belohnte Werbung und ziehen diese Werbeform allen anderen Werbeformen vor.[277] Die Strategie ist insofern sehr erfolgreich.

Das Ansehen der Werbung ist in diesen Fällen optional. Der Gamer entscheidet selbst, ob er sich auf den Deal einlässt. Da die Belohnungen jedoch meist von signifikantem Wert sind und häufig dann angeboten werden, wenn ein Spieler unter Druck steht, stehen die Chancen gut, dass Werbung angesehen wird. So beispielsweise nach dem Verlust einer Spielrunde, die durch eine Belohnung wie Extra-Leben oder mehr Energie noch gerettet werden kann.[278] Die so platzierten Belohnungen entfalten eine doppelte Wirkung: Zum einen bringen sie uns dazu, Werbung zu schauen, die wir sonst ignoriert hätten. Zum anderen binden uns diese Belohnungen und die damit verbundenen Chancen, weiterzuspielen, stärker an das Spiel.[279]

Intrusive Ads: Das schlimmste Timing aller Zeiten

Stell dir vor, du stehst in einer Spielrunde kurz vor dem Sieg. Der Countdown läuft, aber du bleibst trotz des Zeitdrucks konzentriert. Nur noch wenige Züge trennen dich vom Sieg. Das ist dein Moment! Du analysierst das Spielfeld, planst die letzten zwei Aktionen. Ja, das sieht gut aus … WERBUNG!

Genau diesen Effekt erzielen „Intrusive Ads". In einem Moment höchster Spannung wird das Spiel abrupt durch Werbung unterbrochen. Meist handelt es sich hierbei um sogenannte „Interstitials": Banner oder Videos, die den gesamten Bildschirm einnehmen.[280] Diese Werbeformate verdecken den Spielinhalt komplett und weitergespielt werden kann erst, wenn die Werbung zumindest für eine gewisse Dauer angesehen wurde. Ihr unendlich nerviges Wesen macht „Intrusive Ads" im Allgemeinen und „Interstitials" im Speziellen zu unbeliebten Werbeformen unter Gamern. Trotz einschränkender Richtlinien von Google und Apple werden sie in der Praxis weiterhin eingesetzt.[281]

Roadblock: Nix geht mehr!

Werbeeinblendungen in Mobile Games werden gelegentlich mit einer Technik verknüpft, die Kritiker als „Roadblock" („Straßensperre") bezeichnen. Diese Technik macht ihrem Namen alle Ehre, denn sie verhindert bzw. verzögert das Schließen einer Werbung.[282] Bei manchen Anzeigen läuft dabei ein sichtbarer Countdown-Timer in Form einer Uhr oder eines Balkens, der die noch verbleibende Dauer anzeigt.[283]

Während solch eine Werbung läuft, ist die Spiele-App nicht anderweitig nutzbar. Wir sind gezwungen, die Zeit mit dem Anschauen der Werbung zu verbringen. Eine kurze Pause, wie man sie vielleicht während TV-Werbung machen würde, um etwas aus dem Kühlschrank zu holen, ist nicht ratsam. Denn verpasst man das Ende der Werbung und den Wiederbeginn des Spiels, kann dies den weiteren Verlauf negativ beeinflussen, besonders wenn die nächste Runde zeitkritisch ist. Die Spieler konzentrieren sich daher auch während der Werbung auf den Bildschirm und nehmen diese vermutlich bewusster wahr als in anderen Medien.

Bait-and-Switch

„Bait-and-Switch" ist eine weitere Taktik, die uns zu einer tieferen Auseinandersetzung mit beworbenen Angeboten zwingt.[284] Hier wird mit unserer Erwartung an gewisse Symbole gespielt. Was sagt beispielsweise ein X für dich aus, wenn du es in einer Werbeanzeige im Internet siehst? Wahrscheinlich das gleiche wie für mich: Ein X schließt eine Anzeige, ganz klar! Denkste! Unter Anwendung von

Bait-and-Switch löst der Klick auf das X eine ungewollte Handlung aus. In den meisten Fällen landet man schnurstracks auf einer Webseite oder in einem App Store bei der Kauf- oder Downloadmöglichkeit des beworbenen Angebots.

PAY-TO-SKIP: GAME OVER FÜR DIE WERBUNG?

Der Werbedruck in Mobile Games ist teilweise so hoch, dass das Spiel zur Nebensache wird, obwohl es eigentlich unterhaltsam ist. Man kommt sich vor als wäre man gefangen in einem ewigen Werbeblock und stellt sich zunehmend die Frage: Was zum Teufel soll das? Natürlich steckt dahinter ein Plan. Ziel ist es, dich so lange mit Werbung zu nerven, bis du verzweifelt nach einer Lösung suchst. Und dann: Tadaaa! Ein Werbefrei-Abo! Sichere dir deine mentale Rettung für „nur" 7,99 Euro im Monat.[285] Mit Werbefrei-Abos erkauft man sich in diesen Fällen vor allem eins: einen Zeitgewinn.

Interessanterweise springen auch Google und Apple auf diesen Zug auf. Mit den zahlungspflichtigen Game-Abos „Apple Arcade" und „Google Play Pass" kann auf eine stetig wachsende Anzahl von Spielen zugegriffen werden und das komplett werbefrei![286] Es kann also nur im Sinne von Apple und Google sein, dass Nutzer in Mobile Games mit Werbung genervt werden. Das weckt Bedarf und Interesse an werbefreien Alternativen.

WERBUNG FÜR MOBILE GAMES: WENN NICHTS IST, WIE ES SCHEINT

Es existieren mittlerweile so viele Mobile Games, dass es oft nur diejenigen mit hohem Werbedruck bis an die Spitze der Charts schaffen. Sichtbarkeit ist das A und O, wenn es darum geht, hohe Download-Zahlen zu erlangen, und das funktioniert am besten über Werbung. Entsprechend bezieht sich ein beträchtlicher Teil der Werbung in Gaming Apps auf weitere Mobile Games.

Bei der Gestaltung von Mobile-Game-Werbung fällt immer wieder auf, dass hier raffinierte Tricks angewendet werden, um das Interesse möglichst vieler Leute zu wecken: Häufig handelt es sich bei den Werbevideos um einfache Bildschirmvideos, die kurze Spielsequenzen zeigen, in denen ein vermeintlich anderer Spieler einen Fehler macht. Das Fazit: Oops, leider verloren! Solche Videos wecken das Bedürfnis, es selbst versuchen zu wollen. Kann ich es besser? Unser Ehrgeiz ist geweckt.

Ein weiterer Kniff besteht darin, in den Werbespots Spielinhalte spannender oder außergewöhnlicher darzustellen als sie eigentlich sind.[287] Zwischen Werbeinhalt und tatsächlichem Spiel zeigen sich oft massive Unterschiede. Es werden Erwartungen geweckt, die so nicht eingehalten werden. Ein Beispiel hierfür sind die Kampagnen der sehr erfolgreichen Casual Games *Homescapes* und *Gardenscapes* von Playrix. Die Werbespots präsentieren spannend inszenierte Physik- und „Pull-the-Pin"-Rätsel als Spielinhalt, obwohl beide Spiele größtenteils auf einer abgelutschten Blockmatching-Mechanik basieren. In England wurde Playrix im Jahr 2020 in beiden Fällen für die Verwendung irreführender Werbung abgemahnt.[288] In Deutschland wurden die Spots auch Jahre später noch verwendet.[289]

Der Trend von Mobile-Games-Werbung, durch irreführende Inhalte das Interesse von Menschen zu steigern, ist so ausgeprägt, dass sich mittlerweile eine ganze Reihe von YouTube-Kanälen darauf spezialisiert hat, die Unterschiede zwischen Werbung und Spiel transparent zu machen.[290] Für Plattformbetreiber wie Apple, Google und andere offizielle Instanzen ist es vor allem wegen des hohen Zeitaufwands eine große Herausforderung, die Werbeinhalte zahlloser Mobile Games kontinuierlich auf potenziell irreführende Informationen zu überprüfen. Daher verbleibt die Verantwortung zur Überprüfung bis auf weiteres hauptsächlich bei den Nutzern selbst. Und im Zusammenhang mit Kindern wiederum bei den Erziehungsberechtigten.

EINFLUSS JENSEITS DER SPIELE: GAMING-INFLUENCER & CO.

Viele leidenschaftliche Gamer – und hier vor allem die PC- und Konsolen-Gamer – beschäftigen sich auch außerhalb der Spiele mit Gaming-Inhalten. Was liegt also näher als diese Zielgruppe über Kanäle abseits der Spiele anzusprechen? Solche Strategien werden im Fachjargon als „Away-from-the-Game" bezeichnet.[291]

Messen & Events

Hierzu zählen beispielsweise werbliche Aktivitäten auf Gaming-Events und Messen wie der Gamescom, die nicht nur eine Spielwiese von Publishern, sondern auch von allerhand anderen Unternehmen ist. Unter den Gamescom-Ausstellern befinden sich – teils zu Rekrutierungszwecken – auch die Bundeswehr, Supermarktketten, Hochschulen, Anbieter von Energydrinks und Nahrungsergänzungsmitteln sowie andere Gaming-fremde Unternehmen. Als Aussteller, Hauptsponsor der Gamescom Merchandise Area und der Gamescom Cosplay Awards stand die Automarke MINI einige Jahre besonders im Fokus. Inszeniert als „High Tech Labor" mit Inkubator-Tank, das von großen Gaming- und Science-Fiction-Klassikern inspiriert schien, präsentierte die Marke so beispielsweise 2023 unmittelbar vor dem Launch der neuen MINI-Serie die innovative zentrale Bedieneinheit der neuen Flotte, die „Mini Interaction Unit".

Messen und Events ermöglichen es diesen Unternehmen, mit Gamern in Kontakt zu kommen. Auch sämtliche Aktivitäten auf Online-Plattformen wie

YouTube und Twitch und das damit verbundene Influencer-Marketing zählen hierzu. Das Thema Influencer kann zweifelsohne ganze Bücher füllen. Dennoch möchte ich kurz darauf eingehen, welchen Einfluss Influencer und insbesondere Gaming-Influencer auf ihre Follower haben, wenn es um Werbung geht.

Influencer-Marketing

Bereits seit Jahrzehnten engagiert die werbetreibende Industrie Prominente, um für Marken, Produkte oder Dienstleistungen zu werben.[292] Bekannt ist diese Strategie im Marketing als „Celebrity Endorsement".[293] Eine spezielle Form hiervon ist das Influencer-Marketing, bei dem Meinungsführer aus den sozialen Medien zu Kommunikations- und Marketingzwecken eingesetzt werden, um z. B. positiv auf Markenwahrnehmung und Kaufverhalten einer Zielgruppe einzuwirken. Die Stärke des Influencer-Marketings liegt darin, dass die Werbebotschaft nicht vom Unternehmen selbst, sondern vom Influencer als Absender vermittelt wird. Hierdurch wird die Botschaft nicht mehr als typische Werbung, sondern als persönliche Empfehlung des Influencers wahrgenommen und erscheint deshalb besonders vertrauenswürdig.[294]

In Deutschland folgen circa die Hälfte aller Social-Media-Nutzer Influencern. In der Altersklasse der 16- bis 29-Jährigen sind es sogar 81 %.[295] Durch das Bereitstellen von Content auf Online-Plattformen wie YouTube, Twitch und Instagram verdienen Influencer teils Millionenbeträge. Ein Großteil der Einnahmen wird durch Werbung erzielt. Plattformen zahlen für Werbeeinblendungen auf den Kanälen der Influencer und Unternehmen zahlen für Marken- und Produktplatzierungen direkt in einem Beitrag. So beispielsweise, wenn Influencer über die Vorteile ihres neuen Mobiltelefons schwärmen oder einen genüsslichen Schluck aus einer Energydrink-Dose nehmen. Ein weiteres Beispiel sind staatliche Kampagnen. In den Jahren 2020 bis 2022 zahlte die Bundesregierung 1,8 Millionen Euro an Influencer, damit diese vor allem die Corona-Warn-App und die Impfungen positiv erwähnten.[296]

Gaming-Influencer und parasoziale Beziehungen

Im deutschen Gaming-Sektor führten 2024 Paluten und Gronkh mit knapp 5,4 bzw. 5,0 Millionen Followern die YouTube-Bestenliste an. Der erfolgreichste deutsche Twitch-Streamer im gleichen Zeitraum war MontanaBlack mit über 5,4 Mio. Followern.[297] Auf sozialen Plattformen veröffentlichen Gaming-Influencer Content wie Gaming-Live-Streams, Let's Plays, Spielkritiken und gewähren teilweise sogar Einblicke in Lebensbereiche abseits des Gamings. Falls du also sehen willst, wie MontanaBlacks Oma seinen 640 PS starken Lamborghini fährt und er währenddessen auf dem Beifahrersitz schwitzt: Kein Problem! Die URL zum Video findet sich in den Endnoten.[298]

Gerade Gaming-Influencer sind dafür bekannt, eine sehr loyale Fanbase zu haben.[299] Ihre Follower halten ihnen oft über Jahre die Treue und ihre kontinuierliche Präsenz in den sozialen Medien lässt sie zu Alltagsbegleitern werden. Einmal auf Twitch oder YouTube eingeloggt, schon können sie mitunter sogar im Live-Stream gesehen werden. Im Vergleich zu anderen Prominenten gestaltet sich die Interaktion hier direkter: Follower kommentieren beispielsweise in Chats und Influencer können darauf reagieren. Diese unmittelbare Beteiligung erzeugt den Eindruck von Nähe und Erreichbarkeit.

All das fördert die Entstehung einer sogenannten „parasozialen Beziehung".[300] Dieses auf die Forscher Horton und Wohl zurückgehende Phänomen ist in der Medienpsychologie seit langem bekannt. Wir sammeln immer mehr Eindrücke und Wissen über eine Medienpersönlichkeit und gewöhnen uns an sie. Ab einem gewissen Zeitpunkt erscheint sie uns dann wie ein guter Bekannter, möglicherweise sogar wie ein Freund, obwohl wir dieser Person noch nie begegnet sind und sie keinerlei oder nur wenig Wissen über uns selbst hat. Solche parasozialen Beziehungen und mit ihnen verbundene Gefühle wie Vertrauen und Zugehörigkeit, verstärken die Möglichkeit der Einflussnahme durch Influencer und andere Prominente.

Einfluss auf Trends, Akzeptanz und Konsum

Durch ihren Status als Experten haben Gaming-Influencer nicht nur einen erheblichen Einfluss auf die Akzeptanz und Vermarktung von Games, sondern fungieren auch in Bezug auf In-Game-Käufe als Ratgeber oder Vorbilder. Strecken sie beispielsweise während eines Live-Streams zig Gegner mit einer gekauften virtuellen Waffe nieder oder ziehen fette Gewinne aus Lootboxen, so kann dies Followern als Beweis dienen, dass sich der Kauf lohnt. Wir haben diesen Effekt in Kapitel 5 („Sozialkapital") im Zusammenhang mit Social Proofs näher betrachtet.

Im Rahmen einer Studie konnte belegt werden: Je häufiger Gaming Streams gesehen werden, desto höher ist auch die Kaufbereitschaft für In-Game-Items.[301] Offen blieb hierbei allerdings die Klärung von Ursache und Wirkung. Ist die Kaufbereitschaft höher, weil die Personen Streams sehen? Oder sehen die Personen Streams, weil sie insgesamt involvierter sind und daher auch eine höhere Kaufbereitschaft haben?

Da Gaming-Influencer unter ihren Followern über den Bereich des Gamings hinaus als vertrauenswürdige Informationsquellen gelten, können sie auch auf

Trendsetting in anderen Bereichen, Marken- und Produktwahrnehmung und nicht zuletzt das Konsumverhalten einwirken. Im Rahmen einer internationalen Studie von YouGov mit 19.000 Befragten gaben 66 % der Follower von Gaming-Influencern an, deren Markenempfehlungen zu vertrauen.[302] Dieselbe Studie zeigte, dass amerikanische Twitch-User häufiger Snacks konsumierten als der gleichaltrige amerikanische Durchschnitt, wenn diese Snacks vorab von Gaming-Influencern auf Twitch beworben worden waren.[303] Ihr Einfluss ist also messbar.

In Deutschland sind Influencer verpflichtet, Werbeinhalte in ihren redaktionellen Beiträgen zu kennzeichnen.[304] Für Follower spielt es allerdings nur eine untergeordnete Rolle, ob es sich um Werbung handelt oder nicht. Sofern der Influencer als vertrauenswürdig wahrgenommen wird und das beworbene Produkt gut zu seinem Image passt, wird selbst Werbung als glaubwürdig empfunden.[305] Die Marketing-Professorin Elina Närvänen konnte im Rahmen einer Studie zeigen, dass Follower sogar dazu neigen, die Kennzeichnung von Werbeinhalten positiv als besondere „Ehrlichkeit" des Influencers zu verbuchen.[306] Der Versuch, den Einfluss von Influencern auf das Konsumverhalten durch solche Kennzeichnungen zu schmälern, dürfte entsprechend wenig erfolgreich sein. Neben der Unterhaltung, die sie bieten, erweitern Gaming-Influencer also den Raum, in dem Gamer mit Werbeinhalten konfrontiert werden und eröffnen der Gaming-Industrie wie auch anderen Unternehmen enorme Marketing-Möglichkeiten.

In diesem Kapitel haben wir gesehen, wie Publisher die Aufmerksamkeit der Gamer gezielt nutzen, um den Umsatz zu steigern. Von Produktplatzierungen bis hin zu belohnten Werbungen in Mobile Games – die Vielfalt und Intensität der Werbemaßnahmen kann je nach Spiel enorm sein und unser Kaufverhalten und unsere Markenwahrnehmung beeinflussen.

TIPPS

- Mach dir bewusst, welche Werbung in Spielen gezeigt wird und erkenne, dass ihr Zweck darin besteht, dein Interesse an etwas zu wecken oder dich zum Kauf zu verleiten.
- Achte bei Mobile Games darauf, wieviel Zeit du mit Werbung verbringst: Steht diese Zeit in einem akzeptablen Verhältnis zur Spielzeit?
- Reflektiere, wieviel belohnte Werbung du dir anschaust: Du bekommst hier kein Geschenk, sondern einen Lohn für deine Zeit.
- Achte bei Influencer-Content auf Kennzeichnungen wie „Gesponsort“ oder „Werbung“: Diese Kennzeichnungen zeigen dir, dass es sich um bezahlte Inhalte und nicht unbedingt um eine unabhängige Meinung des Influencers handelt.
- Für Eltern und pädagogische Fachkräfte: Prüft die USK Spiele auf jugendschutzrechtliche Aspekte, so schließt dies auch unangemessene Kaufappelle und Werbung mit ein. Zu beachten ist jedoch, dass gerade Mobile Games, die mitunter sehr werbeintensiv sind, aufgrund ihrer rasant wachsenden Anzahl und ihrem dynamischen Werbeumfeld nicht ganzheitlich prüfbar sind. Daher sollte gerade bei Mobile Games mit Werbung nicht nur das Spiel selbst, sondern immer auch das Werbeumfeld beachtet werden: Wie hoch ist der Werbedruck, und sind die Inhalte für Kinder geeignet? Zahlreiche Beiträge zum Thema Influencer im Kontext der Medienerziehung finden sich auf https://elternguide.online und https://schau-hin.info.

„If you find yourself in a hole, the first thing to do is stop digging.“
John Marston
Read Dead Redemption (Rockstar Games)

KAPITEL 11

EIN SCHLUSSWÖRTCHEN VOLLER HOFFNUNG

Spieleentwickler werden oft als kreative Köpfe gesehen, die mit viel Leidenschaft an einer Vision arbeiten. Sie streben danach, hochwertige Unterhaltung zu schaffen, die mitunter kulturelle Ansprüche erfüllt und das Potenzial besitzt, Spieler auf vielfältige Weise zu bereichern. Ein Zeugnis dieser Schaffenskraft ist die unglaubliche Bandbreite digitaler Spiele, die mit viel Mühe und Liebe zum Detail entwickelt werden. Viele dieser Spiele entstehen aus dem Wunsch heraus, Menschen in faszinierende Welten und Geschichten zu entführen, Spaß und Freude in ihren Alltag zu bringen, und Erlebnisse zu bieten, die lange im Gedächtnis bleiben. Solche Entwickler verstehen die psychologischen Mechanismen des Spielens und setzen dieses Wissen verantwortungsbewusst ein. Doch so schön dieses idealisierende Bild klingt, es ist auch naiv. In diesem Buch haben wir untersucht, welche vielfältigen, oft subtilen Methoden eingesetzt werden, um Gamer an Produkte zu binden und noch den letzten Euro aus ihrer Tasche zu pressen. Psychologische Tricks wie variable Belohnungssysteme, gezielt eingebaute Frustrationsmomente sowie die ökonomischen Taktiken in In-Game-Shops – die Welt der Spiele scheint durchzogen von Strategien, die exzessives Spielen fördern und maximale Ausbeutung ermöglichen.

Die weitreichenden Veränderungen durch diese Entwicklungen betreffen nicht nur das Verhalten der Spieler, sondern prägen zunehmend auch unsere gesamte Gesellschaft. Gaming hat sich fest etabliert und ist aus dem Leben vieler Menschen nicht mehr wegzudenken. Kinder und Jugendliche wachsen in dieses System hinein, machen hier frühe Spielerfahrungen und gewöhnen sich an ständige Gratifikationen, den Thrill von Zufallsgewinnen, belohnte Werbung und vieles mehr. Dabei stellt sich die Frage, wie ein ausgewogenes Verhältnis zu digitalen Spielen erlernt werden soll, wenn solche einflussstarken Mechanismen zur Normalität werden. Diese Entwicklungen zeigen sich auch in der zunehmenden Bedeutung digitaler Interaktivität, die nicht nur das Gaming, sondern das gesamte Entertainment prägt. Liken, Teilen, Kommentieren und das eigene Produzieren von Content sind heute selbstverständlicher Teil unserer Kultur. Dabei steigt die Erwartungshaltung an interaktive Erlebnisse, während passives Konsumieren wie reines Fernsehen mehr und mehr in den Hintergrund tritt. Streaming-Dienste wie Netflix bieten bereits digitale Spiele und interaktive Serien wie „Du gegen die Wildnis" an, was die Transformation des klassischen Entertainments verdeutlicht. Diese Tendenz zum „aktiven Mitmachen" könnte langfristig die gesamte Unterhaltungsindustrie verändern und Gaming einen noch zentraleren Platz einräumen – inklusive seiner problematischen Aspekte.

Entsprechend ist es an der Zeit, diese Praktiken kritisch zu hinterfragen und ein Bewusstsein für die Manipulationstechniken zu schaffen, die in Spielen verbreitet sind und sogar noch zuzunehmen scheinen. Spieler sollten sich ihrer Macht als Konsumenten noch stärker bewusst werden und ihre Spielgewohnheiten reflektieren. Eltern, pädagogische Fachkräfte und anderweitig erzieherisch Beteiligte sollten im Stande sein, schädliche Mechanismen zu erkennen und zu erklären. Gleichzeitig ist es die Aufgabe der Entwickler, transparent zu agieren und verantwortungsbewusste Designentscheidungen zu treffen, und nicht zuletzt müssen auch die beteiligten Institutionen und Behörden noch stärker in die Pflicht genommen werden, wirksame Regulierungen zu schaffen und durchzusetzen, die Spieler vor ausbeuterischen Praktiken schützen.

Gute Spiele respektieren ihre Spieler und setzen auf faire Mechaniken, anstatt sie durch manipulative Designs auszunutzen. Die zentrale Frage, die sich jeder von uns stellen sollte, lautet also: Worauf zielt ein Spiel ab, hervorragende Unterhaltung oder Gewinnmaximierung um jeden Preis? Natürlich ist es legitim, ein aufwändig produziertes Spiel dauerhaft als Game as a Service zu monetarisieren. Doch müssen die Systeme ausbeuterisch gestaltet sein? Gibt es nicht auch bessere Wege, die dennoch Gewinn und Prestige versprechen? Der kritische Blick auf unsere Lieblingsspiele – oder das, was sie einst waren – mag den Spielspaß trüben, ist aber notwendig, um die langfristigen Auswirkungen auf unser Verhalten zu verstehen. In dieser Auseinandersetzung liegt auch eine Chance: die Möglichkeit, durch bewusste Entscheidungen die Zukunft des Gamings aktiv mitzugestalten. Denn letztlich sind es wir, die Spieler, die durch unsere Konsumentscheidungen die Richtung bestimmen.

Vielleicht wirst du in Zukunft einige Strategien aus diesem Buch in einem Spiel entdecken und dich bewusst entscheiden, anders zu handeln: Anstatt unter Druck deine Kreditkarte zu zücken, dir nachts den Wecker für ein zeitgebundenes Event zu stellen oder leichtfertig persönliche Daten preiszugeben, triffst du eine reflektierte Wahl. Du zeigst dem Anbieter gedanklich den Mittelfinger und setzt damit ein Zeichen. Es liegt in der Hand eines jeden Einzelnen, wie er seine Zeit füllt, welche Monetarisierungsstrategien erfolgreich werden und welche Games an der Spitze der Charts landen. Indem wir die Dynamiken hinter manipulativen Spieledesigns erkennen und ihnen widerstehen, können wir dazu beitragen, eine fairere und respektvollere Spielkultur zu fördern.

GLOSSAR

Avatar

Eine Figur oder eine andere grafische Darstellung, die den Spieler in einem Spiel repräsentiert.

Blockmatching

Ein Spielprinzip, das häufig in Sortier- und Puzzlespielen verwendet wird. Spieler müssen Objekte auf einem Spielfeld so anordnen, dass sie bestimmte Muster oder Kombinationen bilden. Bekannte Spiele, die diese Mechanik nutzen sind *Tetris* und *Candy Crush Saga.*

Casual Games

Leichte Spiele, die selbsterklärend sind und aufgrund ihrer unterhaltsamen Spielmechanik zu häufigen Wiederholungen einladen.

Dark Patterns

Manipulative Techniken, die darauf abzielen, Menschen zu Aktionen zu verleiten, die nicht unbedingt in ihrem besten Interesse sind. Ein alltägliches Beispiel hierfür findet sich im Supermarkt, wo Süßigkeiten auf niedriger Höhe neben der Kasse platziert werden – ein gezieltes Locken von Kindern, die ihre genervten Eltern während des Wartens durch Quengeln zu einem Impulskauf bewegen könnten und sie aus einer emotionalen Situation heraus etwas Unnötiges kaufen lassen.

DLC (Downloadable Content)

Zusätzliche Inhalte, die in einem Spiel heruntergeladen werden können, um das Spielerlebnis zu erweitern oder zu verbessern. Ursprünglich stand der Terminus für größere Erweiterungen wie erzählerische Kapitel oder neue Missionen, mit denen mehr Spielzeit verbunden war. Mittlerweile wird DLC aber auch für kleinere Elemente wie Skins, Items und Waffen verwendet. DLCs sind in der Regel kostenpflichtig.

Farmen

Häufiges Wiederholen oft monotoner und zeitraubender Aktivitäten im Spiel. Ziel ist es hierbei, Zutaten zu erhalten, die man für den Bau von Gegenständen benötigt. Manchmal sind auch Gegenstände selbst das Ziel des Farmens, z. B. der „Lila Ring des Orkschnetzelns“, der eine Wahrscheinlichkeit von 0,00476 % hat, von Hochlandrumpelstilzchen im Düstertal gefunden zu werden.

Flow

Ein als sehr positiv empfundener mentaler Zustand höchster Konzentration und totaler Fokussierung auf eine Tätigkeit. Im Flow taucht ein Gamer vollständig in die Spielwelt ein, womit oft ein Verlust des Zeitgefühls einhergeht. Diesen Zustand bei Spielern auszulösen ist ein Ziel vieler Game Designer.

Grind / Grinding

Wie beim Farmen, was sich manchmal auch leicht unscharf überschneidet, häufiges Wiederholen oft monotoner Aktivitäten im Spiel. Ein Beispiel sind Kämpfe gegen schwache Gegner mit dem Ziel, genügend Experience Points (XP) zu sammeln, um im Spiel vorwärts zu kommen. Manchmal auch mit dem Ziel, ein bestimmtes Item zu erhalten.

Item

Ein virtueller Gegenstand, der im Spiel eingesammelt oder erworben werden kann. Typische Beispiele sind Waffen, Werkzeuge, Münzen, Kleidung.

Level

A: Ein Spielabschnitt, der bewältigt werden muss, um zum nächsten Abschnitt zu gelangen.
B: Merkmal von Rollenspielen (Role Playing Games, kurz: RPGs), aber nicht mehr auf diese beschränkt: Level (oder Stufe) beschreibt hier die Stärke oder Erfahrung einer Spielfigur oder eines anderen verbesserbaren Spielelements.

Lootbox

Ein virtueller Behälter, der zufällige Belohnungen wie Items, Skins, In-Game-Währung oder eine Kombination daraus enthält. Kann in vielen Games erspielt und meistens zusätzlich oder ausschließlich durch In-Game-Währung oder Echtgeld erworben werden. Man zahlt für die Chance, einen besonderen Gewinn zu erhalten, dessen Wert sich in der Regel an seiner Seltenheit bemisst. Die Spielmechanik gilt als glücksspielähnlich.

MMOG (Massively Multiplayer Online Game) / MMORPG (Massively Multiplayer Online Role Playing Game)

Von einer sehr großen Spielerzahl gleichzeitig spielbares Game. Vertreten sind verschiedene Genres, besonders prominent ist dabei das Rollenspiel (RPG). Häufig handelt es sich bei den Spielen um dauerhafte (persistente) Spielwelten, die also unabhängig von der Teilnahme einzelner Spieler weiterlaufen.

NPC (Non-Playable Character)

Eine Figur bzw. ein Charakter, der nicht von einem Spieler, sondern von der Game Engine gesteuert wird.

Nudges / Nudging

Kleine richtungsweisende Anstöße, die darauf abzielen, Spieler zu einer für sie vermeintlich positiven Entscheidung zu bringen, ohne dabei ihre Wahlfreiheit zu stark einzuschränken. Ein Beispiel für Nudging ist die Verwendung eines visuellen oder auditiven Signals, um die Aufmerksamkeit der Spieler auf etwas Bestimmtes zu lenken, beispielsweise, damit sie im Spielverlauf gewisse Handlungen ausführen oder ihre Wahrnehmung auf spezielle Angebote oder Sonderpreise im In-Game-Shop gelenkt wird.

Power-Ups

Bestimmte Funktionen, die einzelne Fähigkeiten eines Charakters verstärken. In der Regel erfolgt die Verstärkung zeitlich begrenzt und erlischt dann wieder. Ein Power-Up könnte beispielsweise Unbesiegbarkeit, schnelleres Rennen oder präziseres Schießen auslösen.

Quest

Eine größere Aufgabe oder ein Auftrag, der dem Gamer meist von einem NPC (Non-Playable Character) innerhalb des Games erteilt wird. Die Erfüllung der Quest bringt einen entweder in der Hauptgeschichte des Spiels weiter oder dient dazu, den eigenen Charakter zu verbessern. Eine typische Quest ist das Besiegen eines bestimmten Gegners.

Singleplayer-Game

Spiele, die man allein ohne Kontakt zu anderen Mitspielern oder menschlichen Gegnern spielt. Auch viele Multiplayer-Spiele können im sogenannten Singleplayer-Modus allein gespielt werden.

Skill

Spielfähigkeit oder „Können“ des Spielers. Je nach Spiel können die relevanten Fähigkeiten variieren. Beispiele sind Reaktionsschnelligkeit, Taktik, Kreativität oder eine gute Kenntnis der Spielumgebung.

Skin

Eine grafische Textur, mit der das Aussehen eines Charakters, einer Waffe oder anderen Inhalten verändert werden kann. Je nach Spiel können Skins gekauft, erspielt und/oder gewonnen werden.

Twitch

Eine Online-Plattform, die primär für Live-Streaming und die Kommunikation mit Zuschauern über Chats genutzt wird.

Unterhaltungssoftware Selbstkontrolle (USK)

Die USK ist in Deutschland zuständig für die Alterskennzeichnung digitaler Spiele. Sie wird auf freiwilliger Basis von verschiedenen Interessengruppen aus der Gaming-Industrie und der Jugendhilfe unterstützt.

Whales

Spieler, die vor allem in Free-to-Play-Spielen große Geldbeträge investieren. Obwohl sie nur einen kleinen Teil der gesamten Spielerschaft ausmachen, leisten sie einen wesentlichen Beitrag zum Umsatz des Spiels.

ANMERKUNGEN UND QUELLENANGABEN

1 Newzoo (2024). Global Games Market Report 2023, Mai 2024, S. 17 f.

2 Britannica, The Editors of Encyclopedia (2024). John Smith. *Encyclopedia Britannica,* https://www.britannica.com/biography/John-Smith-British-explorer (Letzter Zugriff 19.08.2024)

3 Weiterführende Informationen zum Tätigkeitsbereich und den Prüfkriterien: https://usk.de

4 Newzoo (2024). Global Games Market Report 2023, Mai 2024, S. 17 f.

5 Newzoo (2024). Global Games Market Report 2023, Mai 2024, S. 17 f. und Needleman, S. (2023). Videogamer Makers Hit Reset as Momentum Ebbs. https://www.wsj.com/articles/videogame-makers-hit-reset-as-momentum-ebbs-88e97624 (Letzter Zugriff 20.08.2024)

6 Game Verband der deutschen Games-Branche (2023). Jahresreport der deutschen Games-Branche 2023, S. 5 u. 16. https://www.game.de/wp-content/uploads/2023/08/230809GME_Jahresreport_2023_168x240_DE_Web.pdf (Letzter Zugriff 14.08.2024)

7 Game Verband der deutschen Games-Branche (2023). Jahresreport der deutschen Games-Branche 2023, S. 10. https://www.game.de/wp-content/uploads/2023/08/230809GME_Jahresreport_2023_168x240_DE_Web.pdf (Letzter Zugriff 14.08.2024)

8 Game Verband der deutschen Games-Branche (2023). Jahresreport der deutschen Games-Branche 2023, S. 12 u. 14. https://www.game.de/wp-content/uploads/2023/08/230809GME_Jahresreport_2023_168x240_DE_Web.pdf (Letzter Zugriff 14.08.2024)

9 Newzoo (2024). Global Games Market Report 2023, Mai 2024, S. 20

10 Umsatz der Musikindustrie (mit aufgenommener Musik) 2022: 26,2 Mrd. US-Dollar https://www.musikindustrie.de/fileadmin/bvmi/upload/06_Publikationen/GMR/Global_Music_Report_2023_State_of_the_Industry.pdf (Letzter Zugriff 14.08.2024)

11 Anderie, L. (2023). Games Industry Management – Gründung, Strategie und Leadership – Theoretische Grundlagen. 2. Aufl., Berlin: Springer Gabler, S. 345.

12 Anderie, L. (2023). Games Industry Management – Gründung, Strategie und Leadership – Theoretische Grundlagen. 2. Aufl., Berlin: Springer Gabler, S. 339.

13 Selbst bei Spielen, die nicht online, sondern über Datenträger erworben werden, müssen sich Spieler häufig durch eine Erstregistrierung online mit den Publishern verbinden. Vergleiche für Anteil an Datenträger-Verkäufen Newzoo (2023). Global Games Market Report, August 2023, S. 40.

14 Ein Beispiel für ein solches Spiel ist die Zelda-Reihe von Nintendo. Weitere Infos z. B. unter https://de.wikipedia.org/wiki/The_Legend_of_Zelda (Letzter Zugriff 14.08.2024)

15 Für einen Überblick zu Games as a Service z.B. https://de.wikipedia.org/wiki/Games_as_a_Service (Letzter Zugriff 14.08.2024)

16 Anderie, L. (2023). Games Industry Management – Gründung, Strategie und Leadership – Theoretische Grundlagen. 2. Aufl., Berlin: Springer Gabler, S. 345.

17 Bocksch, R. (2023). Activision Blizzard macht Milliarden mit In-Game-Käufen. https://de.statista.com/infografik/31142/weltweiter-umsatz-von-activision-blizzard-mit-in-game-kaeufen/ (Letzter Zugriff 14.08.2024)

18 DFC Intelligence (2018). Electronic Arts and Activision Blizzard Focus on Games as a Service. http://www.dfcint.com/dossier/electronic-arts-and-activision-blizzard-focus-on-games-as-a-service/ (Letzter Zugriff 14.08.2024)

19 Game Verband der deutschen Games-Branche (2023). Jahresreport der deutschen Games-Branche 2023, S. 19. https://www.game.de/wp-content/uploads/2023/08/230809GME_Jahresreport_2023_168x240_DE_Web.pdf (Letzter Zugriff 14.08.2024)

20 Koubek, J. (2020). BLM-Schriftenreihe 109: Monetarisierung von Computerspielen. Baden-Baden: Nomos, S. 227.

21 Neumann, J. (2023). Mobile Gaming: Die 50 erfolgreichsten Handyspiele aller Zeiten. https://popkultur.de/mobile-gaming-die-erfolgreichsten-handyspiele-aller-zeiten/ (Letzter Zugriff 19.08.2024)

22 Monthly Active Players auf https://activeplayer.io/fortnite (Letzter Zugriff 28.08.2024)

23 Abseits der „Blockbusterisierung" der Industrie hat sich eine alternative Szene etabliert, die Indie Games oft mit viel Herzblut und mitunter winzigen Teams produziert. Diese setzen häufig auf Pixellook, sind aber ansonsten gerne auch ausgesprochen komplex und umfangreich. Ein Beispiel ist Dwarf Fortress, das als die mit Abstand komplexeste Simulation einer Welt gilt und Triple-A-Titel in dieser Hinsicht wie Kinderreime vorm Faust erscheinen lässt. Unter den Indie Games verbergen sich wahre Perlen der Gaming-Kultur. Leider fehlen hier oft die Budgets, diese großartigen Spiele bei einer breiteren Masse bekannt zu machen.

24 Für eine genauere Darstellung der Produktionsprozesse s. z. B. die Ausführungen zur Spielentwicklungskette in Breiner, T. / Kolibius, L. D. (2019). Computerspiele. Grundlagen, Psychologie und Anwendung. Berlin: Springer, S. 2–5.

25 Zwingmann, D. (2023). Bitte was? GTA 6 soll angeblich 2 Milliarden Dollar kosten! PC Games. https://www.pcgames.de/GTA-6-Spiel-55239/News/2-Milliarden-US-Dollar-Kosten-1424994/ (Letzter Zugriff 19.08.2024)

26 Box Office Mojo (2024). Top Lifetime Grosses. https://www.boxofficemojo.com/chart/ww_top_lifetime_gross/?area=XWW (Letzter Zugriff 19.08.2024)

27 Pocket Gamer Biz (2016). Let's Go Whaling: Tricks for Monetising Mobile Game Players with Free-to-Play. https://www.youtube.com/watch?v=xNjI03CGkb4 (Letzter Zugriff 19.08.2024)

28 Bendel, O. (2021). Nudging. Gabler Wirtschaftslexikon Online. https://wirtschaftslexikon.gabler.de/definition/nudging-99919/version-384566 (Letzter Zugriff 19.08.2024)

29 Für mehr Informationen zu Dark Patterns – auch bekannt als „Deceptive Patterns" empfehle ich Brignull, H. (2023). Deceptive Patterns: Exposing the Tricks Tech Companies Use to Control You. Testimonium Ltd.

30 Ash, J. / Gordon, R. / Mills, S. (2022). Between Gaming and Gambling – Children, Young People and Paid Reward Systems in Digital Games. S. 24. https://www.gaminggamblingresearch.org.uk/wp-content/uploads/2022/10/ESRC-BGG-Final-Report-2022.pdf (Letzter Zugriff 19.08.2024)

31 Tinbergen, N. (1951). The Study of Instinct. Oxford: Clarendon Press

32 Barrett, D. (2010). Supernormal Stimuli: How Primal Urges Overran Their Evolutionary Purpose. NY: Norton

33 Barrett, D. (2010). Supernormal Stimuli: How Primal Urges Overran Their Evolutionary Purpose. NY: Norton, S. 143.

34 Uysal, A. / Yildirim, I. G. (2016). „Self-Determination Theory in Digital Games" in: Bostan, B. (Hrsg.). Gamer Psychology and Behavior. Basel: Springer, S. 123–133, und Przybylski, A. K. / Rigby, C. S. / Ryan, R. M. (2010). A Motivational Model of Video Game Engagement. Review of General Psychology, Vol. 14, No. *2, S. 154–166.*

35 Uysal, A. / Yildirim, I. G. (2016). „Self-Determination Theory in Digital Games" in: Bostan, B. (Hrsg.). Gamer Psychology and Behavior, Basel: Springer, S. 123–133.

36 Die Entwicklung von Belohnungsplänen gehört zum „Balancing" des Game Designs. „Balancer" ist in der Games-Industrie ein eigenes Berufsbild.

37 Wirtz, M. A. (Hrsg.) (2021). Dorsch Lexikon für Psychologie. 20. überarb. Aufl., Bern: Hogrefe, S. 456 f.

38 „Kortex, präfrontaler" in: Wirtz, M.A. (Hrsg.). Dorsch Lexikon für Psychologie. 20. überarb. Aufl., Bern: Hogrefe, S. 1033.

39 Dieser Vergleich wird häufiger von Neurowissenschaftlern angeführt. Zu beachten ist natürlich, dass diese Tendenz zwischen Individuen stark variieren kann. Smith, K. (2018). Jung und wagemutig. Spektrum der Wissenschaft Online. https://www.spektrum.de/news/warum-jugendliche-kopf-und-kragen-riskieren/1585118 (Letzter Zugriff 19.08.2024)

40 Für einen Überblick empfehle ich Kolibius, L. (2019). „Neuronale Veränderungen bei Computerspielsucht", S. 141–149, S. 142 in: Breiner, T. C. / Kolibius, L. (2019). Computerspiele im Diskurs. Aggression, Amokläufe und Sucht. Berlin: Springer. Beispielhafte Studien: Koepp, M. / Gunn, R. / Lawrence, A. et al. (1998). Evidence for Striatal Dopamine Release During a Video Game. Nature, Vol. 393, S. 266–268, https://doi.org/10.1038/30498, und Yau, Y. H. C. / Crowly, M. J. / Mayes, L. C. / Potenza, M. N. (2012). Are Internet Use and Video-Game-Playing Addictive Behaviors? Biological, Clinical and Public Health Implications for Youths and Adults. https://www.ncbi.nlm.nih.gov/pmc/articles/PMC3840433/ (Letzter Zugriff 19.08.2024)

41 „Operante Konditionierungsmethoden" in Wirtz, M.A. (Hrsg.). Dorsch Lexikon für Psychologie. 20. überarb. Aufl., Bern: Hogrefe, S. 1308 f.

42 Vergleiche hierzu bspw. Stangl, W. (2024). Intermittierende Verstärkung. Online Lexikon für Psychologie & Pädagogik. https://lexikon.stangl.eu/22582/intermittierende-verstaerkung (Letzter Zugriff 14.08.2024)

43 Rumpf, H. J. (2017). Expertise suchtfördernde Faktoren von Computer- und Internetspielen 2017. Universität zu Lübeck, S. 2. https://fachverbandsucht.ch/download/767/170302_Expertise_Suchtfoerdernde_Faktoren_von_Computer-und_Internet-spielen_2017.pdf (Letzter Zugriff 14.08.2024)

44 Rumpf, H. J. (2017). Expertise suchtfördernde Faktoren von Computer- und Internetspielen 2017. Universität zu Lübeck, S. 7. https://fachverbandsucht.ch/

download/767/170302_Expertise_Suchtfoerdernde_Faktoren_von_Computer-und_Internet-spielen_2017.pdf (Letzter Zugriff 14.08.2024)

45 USK (2022). In-Game-Käufe, Chats und Lootboxen: USK erweitert Prüfkriterien. https://usk.de/usk-pressemitteilung-umsetzung-neues-jugendschutzgesetz/ (Letzter Zugriff 14.08.2024)

46 Thaler, R. H. (1980). Toward a Positive Theory of Consumer Choice. Journal of Economic Behavior and Organization, 1 (1), S. 39–60.

47 Kahneman, D. / Knetsch, J. L. / Thaler, R. H. (1991). Experimental Test of the Endowment Effect and the Coase Theorem. Journal of Political Economy, Bd. 98, Nr. 6, 1991, S. 1325–1348.

48 Norton, M. I. / Mochon, D. / Ariely D. (2012). The IKEA Effect: When Labor Leads to Love. Journal of Consumer Psychology, Vol. 22, no. 3 (July 2012), S. 453–460.

49 Spinney, L. (2011). The Hard Way: Our Odd Desire to Do it Ourselves. New Scientist Online. https://www.newscientist.com/article/mg21228441-800-the-hard-way-our-odd-desire-to-do-it-ourselves/ (Letzter Zugriff 19.08.2024)

50 Norton, M. I. / Mochon, D. / Ariely D. (2012). The IKEA Effect: When Labor Leads to Love. Journal of Consumer Psychology, Vol. 22, no. 3 (July 2012), S. 453–460.

51 Die Verlustaversion stellt einen Teil der von Kahneman und Tversky entwickelten Prospect Theory dar. Kahneman, D. / Tversky, A. (1979). Prospect Theory: An Analysis of Decision under Risk. Econometrica, Bd. 47, 1979, S. 263–292. Neuere Quellen zur Verlustaversion: Kahneman, D. (2011). Schnelles Denken, langsames Denken. 16. Aufl., München: Siedler, S. 348–354.

52 Csíkszentmihályi, M. (1992 / 2015). Flow – Das Geheimnis des Glücks. 18. Aufl., Stuttgart: Klett Cotta

53 Sweetser, P. / Whyet, P. (2005). GameFlow: A Model for Evaluating Player Enjoyment in Games. Computers in Entertainment, Vol. 3, Issue 3, https://doi.org/10.1145/1077246.1077253

54 Fish, M. T. / Russoniello, C. V. / O'Brien, K. (2018). Zombies vs. Anxiety: An Augmentation Study of Prescribed Video Game Play Compared to Medication in Reducing Anxiety Symptoms. Simulation & Gaming, 49(5), S. 553–566, https://doi.org/10.1177/1046878118773126 und Russoniello, C. V. / Fish, M. T. / O'Brien, K. (2019). The Efficacy of Playing Video Games Compared with Antidepressants in Reducing Treatment-Resistant Symptoms of Depression. Games for Health Journal, Vol. 8(5), S. 332–338, https://doi.org/10.1089/g4h.2019.0032

55 Fish, M. T. / Russoniello, C. V. / O'Brien, K. (2018). Zombies vs. Anxiety: An Augmentation Study of Prescribed Video Game Play Compared to Medication in Reducing Anxiety Symptoms. Simulation & Gaming, 49(5), S. 553–566, https://doi.org/10.1177/1046878118773126

56 King, D. L. / Delfabbro, P. H. / Gainsbury, S. M. et. al. (2019). Unfair Play? Video Games as Exploitative Monetized Services: An Examination of Game Patents from a Consumer Protection Perspective. Computers in Human Behavior, Vol. 101, S. 133.

57 Anderie, L. (2020). Frankfurt Games Studies I: Monetarisierungsmodelle und Cloud Gaming, S.13, https://www.frankfurt-university.de/fileadmin/standard/Hochschule/

Fachbereich_3/Kontakt/Professor_inn_en/Anderie/Frankfurt_Game_Studies_Final_Report.pdf, und Anderie, L. (2022). Frankfurt Games Studies III: Wertschöpfung, Monetarisierung und Spielerbindung, S. 30, https://fhffm.bsz-bw.de/frontdoor/deliver/index/docId/6515/file/Frankfurt_Game_Studies_III_Report_2022.pdf (Letzter Zugriff 19.08.2024)

58 Neben einer Darstellung einiger der hier beschriebenen Strategien liefert die englischsprachige Webseite https://www.darkpattern.games/pattern/1/temporal-dark-patterns eine Liste mit Mobile Games, die die jeweiligen Strategien anwenden.

59 Conrad, B. (2023). Why Are Video Games Addictive? https://www.techaddiction.ca/why_are_video_games_addictive.html (Letzter Zugriff 19.08.2024)

60 Madigan, J. (2016). Getting Gamers. The Psychology of Video Games and Their Impact on the People who Play Them. Lanham: Rowman & Littlefield, S. 93 f. sowie Lück, H. E. (2021). „Zeigarnik, Bluma W." und „Zeigarnik-Effekt" in: Wirtz, M.A. (Hrsg.). Dorsch Lexikon für Psychologie. 20. überarb. Aufl., Bern: Hogrefe, S. 2001.

61 Beispiele für Multiplayer Games mit persistenten Welten sind Minecraft Online und World of Warcraft. Mobile Games mit persistenten Welten sind bspw. Genshin Impact, Clash of Clans, Coin Master.

62 Stangl, W. (2024). Fear Of Missing Out. Online Lexikon für Psychologie und Pädagogik. https://lexikon.stangl.eu/17010/fear-of-missing-out-fomo (Letzter Zugriff 19.08.2024)

63 Gächter, S. / Johnson, E.J. / Herrmann, A. (2022). Individual-Level Loss Aversion in Riskless and Risky Choices. Theory Decision, Vol. 92, S. 599–624, https://doi.org/10.1007/s11238-021-09839-8.

64 Koubek, J. (2020). BLM-Schriftenreihe 109: Monetarisierung von Computerspielen. Baden-Baden: Nomos, S. 135.

65 Garaialde, D. / Cox, A. L. / Cowan, B. R. (2021). Designing Gamified Rewards to Encourage Repeated App Selection: Effect of Reward Placement. International Journal of Human-Computer Studies, Volume 153. https://www.sciencedirect.com/science/article/pii/S1071581921000793 (Letzter Zugriff 19.08.2024)

66 Zagal, J. P. / Staffan, B. / Lewis, C. F. (2015). Dark Patterns in the Design of Games. S. 4. https://my.eng.utah.edu/~zagal/Papers/Zagal_et_al_DarkPatterns.pdf (Letzter Zugriff 19.08.2024)

67 Zagal, J. P. / Staffan, B. / Lewis, C. F. (2015). Dark Patterns in the Design of Games. S. 4. https://my.eng.utah.edu/~zagal/Papers/Zagal_et_al_DarkPatterns.pdf (Letzter Zugriff 19.08.2024)

68 Stand Februar 2024. Gössling, J. / Zeitz, S. (2024). Animal Crossing: New Horizons – Alle Fische mit Preis & Fundort (Februar-Update). https://www.gamepro.de/artikel/animal-crossing-new-horizons-alle-fische-wann-fangen,3355964.html (Letzter Zugriff 25.02.2024)

69 FarmVille: https://de.wikipedia.org/wiki/FarmVille (Letzter Zugriff 25.02.2024)

70 https://www.darkpattern.games/pattern/10/playing-by-appointment.html (Letzter Zugriff 14.08.2024)

71 Anderie, L. (2022). Frankfurt Games Studies III: Wertschöpfung, Monetarisierung und Spielerbindung, S. 42, https://fhffm.bsz-bw.de/frontdoor/deliver/index/docId/6515/file/Frankfurt_Game_Studies_III_Report_2022.pdf (Letzter Zugriff 19.08.2024)

72 Frommel, J. / Mandryk, R. L. (2022). Daily Quests or Daily Pests? The Benefits and Pitfalls of Engagement Rewards in Games. Proceedings of the ACM on Human-Computer Interaction, Vol. 6, Issue CHI PLAY, Article No. 226, S. 1–23

73 Koubek, J. (2020). BLM-Schriftenreihe 109: Monetarisierung von Computerspielen. Baden-Baden: Nomos, S. 64.

74 Spieldurchlauf getestet am 14.03.2023 unter iOS.

75 Beschluss des Bundesrates (2013). Sechste Verordnung zur Änderung der Spielverordnung, S. 9, https://www.bmwk.de/Redaktion/DE/Downloads/V/sechste-verordnung-zur-anderung-der-spielverordnung.pdf (Letzter Zugriff 19.08.2024)

76 https://www.darkpattern.games/pattern/28/can-t-pause-or-save.html

77 Leitsch, A. (2022). Was war das längste LOL-Spiel aller Zeiten? https://mein-mmo.de/was-war-das-laengste-lol-spiel/ (Letzter Zugriff 19.08.2024)

78 Unter Raid versteht man den Angriff auf ein gegnerisches Ziel gemeinsam mit anderen Spielern.

79 Die hier genannten Beispiele sind auf dem YouTube-Kanal Outside Xtra dokumentiert. Outside Xtra (2021). 7 Guilt Trips Games Gave You for Quitting. https://www.youtube.com/watch?v=ryBdFQSPzHQ (Letzter Zugriff 19.08.2024)

80 Mehr über Peons unter https://wowwiki.fandom.com/de/wiki/Peon (Letzter Zugriff 19.08.2024)

81 DAK Gesundheit (2023). DAK-Studie: In Pandemie hat sich Mediensucht verdoppelt. https://www.dak.de/dak/bundesthemen/dak-studie-in-pandemie-hat-sich-mediensucht-verdoppelt-2612364.html#/ (Letzter Zugriff 19.08.2024)

82 DAK Gesundheit (2023). DAK-Studie: In Pandemie hat sich Mediensucht verdoppelt. https://www.dak.de/dak/bundesthemen/dak-studie-in-pandemie-hat-sich-mediensucht-verdoppelt-2612364.html#/ und DAK Gesundheit (2019). Geld für Games – Wenn Computerspiel zum Glücksspiel wird. https://www.dak.de/dak/download/folien-2103394.pdf (Letzter Zugriff 19.08.2024)

83 So beispielsweise das Geschlecht und bestimmte Persönlichkeitsmerkmale: Jungen sind häufiger von einer Gaming-Sucht betroffen als Mädchen. Zudem begünstigen eine geringere Gewissenhaftigkeit und ein erhöhter Neurotizismus die Entstehung einer Gaming-Sucht. Montag, C. / Kannen, C. / Schivinski, B. / Pontes, H. (2021). Empirical Evidence for Robust Personality-Gaming Disorder Associations from a Large-Scale Int. Investigation Applying the APA and WHO Frameworks. PLoS ONE, 16.e0261380.10.1371/journal.pone.0261380 (Letzter Zugriff 19.08.2024).

84 Die durchschnittliche Nutzungsdauer von Bildschirmmedien durch diese Zielgruppe lag in der Studie bei 172 Minuten täglich. Brushe, M. E. / Haag, D. G. / Melhuish, E. C. (2024). Screen Time and Parent-Child Talk When Children Are Aged 12 to 36 Months. JAMA Pediatrics. https://jamanetwork.com/journals/jamapediatrics/fullarticle/2815514 (Letzter Zugriff 19.08.2024)

85 In diesem Kontext empfehle ich Interessierten die Lektüre des Kapitels „Funktionen des Spielens" von Tobias C. Breinert in: Breinert, T. C. / Kolibius, L. (2019). Computerspiele. Grundlagen, Psychologie und Anwendungen, Berlin: Springer, S. 116–132.

86 Vergleiche hierzu bspw. die sogenannte „Bartle Taxonomie" von Richard Bartle und das „Quantic Foundry Motivation Modell“ nach Nick Yee. Im Zentrum der Modelle stehen Interessen bzw. Motivationen für die Nutzung von Games. Zu Bartle: https://en.wikipedia.org/wiki/Bartle_taxonomy_of_player_types /. Zu Yee: https://quanticfoundry.com/ (Letzter Zugriff: 19.08.2024)

87 https://activeplayer.io/fortnite/ und https://activeplayer.io/league-of-legends/ (Letzter Zugriff 15.08.2024)

88 https://activeplayer.io/candy-crush-saga/ (Letzter Zugriff 15.08.2024)

89 Für eine ausführliche Darstellung der Sozialfunktion von Spielen: Breiner, T. / Kolibius. L. (2019). Computerspiele. Grundlagen, Psychologie und Anwendung. Berlin: Springer, S. 119 f.

90 Alle Daten zu Candy Crush Saga: https://www.businessofapps.com/data/candy-crush-statistics/

91 Zuletzt geprüft am 23.05.2023.

92 Zagal, J. P. / Staffan, B. / Lewis, C. F. (2013). Dark Patterns in the Design of Games. S. 5. https://my.eng.utah.edu/~zagal/Papers/Zagal_et_al_DarkPatterns.pdf (Letzter Zugriff 19.08.2024)

93 Zagal, J. P. / Staffan, B. / Lewis, C. F. (2013). Dark Patterns in the Design of Games. S. 5. https://my.eng.utah.edu/~zagal/Papers/Zagal_et_al_DarkPatterns.pdf (Letzter Zugriff 19.08.2024)

94 Nicks, D. (2015). LinkedIn to Pay $13 Million in Spam Settlement“. Time Magazine Online. https://time.com/4062519/linkedn-spam-settlement/ (Letzter Zugriff 19.08.2024)

95 Für beispielhafte Mobile Games, die diese Strategie nutzen: https://www.darkpattern.games/pattern/22/friend-spam-impersonation.html (Letzter Zugriff 19.08.2024)

96 Zagal, J. P. / Staffan, B. / Lewis, C. F. (2013). Dark Patterns in the Design of Games. S. 6. https://my.eng.utah.edu/~zagal/Papers/Zagal_et_al_DarkPatterns.pdf (Letzter Zugriff 19.08.2024)

97 Marketing Charts (2020). Friends and Family Still the Most Trusted Sources of Brand Information. https://marketingcharts.com/cross-media-and-traditional/word-of-mouth-113276 (Letzter Zugriff 19.08.2024)

98 Zagal, J. P. / Staffan, B. / Lewis, C. F. (2013). Dark Patterns in the Design of Games. S. 6. https://my.eng.utah.edu/~zagal/Papers/Zagal_et_al_DarkPatterns.pdf (Letzter Zugriff 19.08.2024)

99 Geprägt wurde der Begriff von dem Psychologen Robert B. Cialdini in seinem Standard-Werk „Influence – the Psychology of Persuasion“. Cialdini, R. B. (2021). Influence – The Psychology of Persuasion. New and Expanded. New York: Harper Collins Publishers, S. 127–198.

100 Cialdini, R. B. (2021). Influence – The Psychology of Persuasion. New and Expanded. New York: Harper Collins Publishers

101 Klatt, R. (2020). Online-Bewertungen beeinflussen 90 Prozent der Kunden. Forschung und Wissen Online. https://www.forschung-und-wissen.de/nachrichten/oekonomie/online-bewertungen-beeinflussen-90-prozent-der-kunden-13374330 (Letzter Zugriff 19.08.2024)

102 Salganik, M. J. / Dodds, P. S. / Watts, D. J. (2006). Experimental Study of Inequality and Unpredictability in an Artificial Cultural Market. Journal of Science, https://doi.org/10.1126/science.1121066

103 Cialdini, R. B. (2021). Influence – The Psychology of Persuasion. New and Expanded. New York: Harper Collins Publishers, S. 130.

104 Beispiel aus dem Spiel Candy Crush Saga vom 26.04.2023, Level 285.

105 Hamari, J. / Lehdonvirta, V. (2010). Game Design as Marketing: How Game Mechanics Create Demand for Virtual Goods. International Journal of Business Science & Applied Management, 5(1), S. 14–29.

106 Ash, J. / Gordon, R. / Mills, S. (2022). Between Gaming and Gambling – Children, Young People and Paid Reward Systems in Digital Games, S. 24. https://www.gaminggamblingresearch.org.uk/wp-content/uploads/2022/10/ESRC-BGG-Final-Report-2022.pdf (Letzter Zugriff 19.08.2024)

107 King, D. L. / Delfabbro, P. H. / Gainsbury, S. M. et al. (2019). Unfair Play? Video Games as Exploitative Monetized Services: An Examination of Game Patents from a Consumer Protection Perspective. Computers in Human Behavior, Vol. 101, S. 134, Registration ID Patent US2016005270A1 (Activision) in der Datenbank Google Patents.

108 King, D. L. / Delfabbro, P. H. / Gainsbury, S. M. et al. (2019). Unfair Play? Video Games as Exploitative Monetized Services: An Examination of Game Patents from a Consumer Protection Perspective. Computers in Human Behavior, Vol. 101, S. 141.

109 Cialdini, R. B. (2021). Influence – The Psychology of Persuasion. New and Expanded. New York: Harper Collins Publishers, S. 23–72.

110 Kim, S. / Huang-Isherwood, K. M. / Zheng, W. / Williams, D. (2022). The Art of Being Together: How Group Play Can Increase Reciprocity, Social Capital, and Social Status in a Multiplayer Online Game. *Computers in Human Behaviour, Vol. 133*

111 Zagal, J. P. / Staffan, B. / Lewis, C. F. (2015), Dark Patterns in the Design of Games. S. 6. https://my.eng.utah.edu/~zagal/Papers/Zagal_et_al_DarkPatterns.pdf (Letzter Zugriff 19.08.2024)

112 Bierhoff, H.-W. (2021). „Sozialer Vergleich“ in: Wirtz, M.A. (Hrsg.). Dorsch Lexikon für Psychologie. 20. überarb. Aufl., Bern: Hogrefe, S. 1707.

113 Madigan, J. (2016). Getting Gamers. The Psychology of Video Games and Their Impact on the People who Play Them. Lanham: Rowman & Littlefield, S. 73 f.

114 Ballard, M.E. & Welch, K.M. (2017). Virtual Warfare: Cyberbullying and Cyber-Victimization in MMOG Play. S. 1. https://psych.appstate.edu/sites/psych.appstate.edu/files/ballard_and_welch.pdf (Letzter Zugriff 19.08.2024)

115 So bspw. die von Prof. Dr. T. Quandt durchgeführte Langzeitstudie „Social Fabric of Virtual Life“, https://www.uni-muenster.de/Kowi/forschen/projekte/social-fabric-of-virtual-life.html. Für einen Überblick zum Thema: Mäyrä. F. (2015). „Exploring Gaming Communities“ in: Kowert, R. / Quandt, T. (Hrsg.) (2015). The Video Game Debate. London: Routledge

116 Raudonat, K. (2017). Sozial-kommunikative Kompetenzen im Kontext von Online-Rollenspielen. Universität Hamburg, https://ediss.sub.uni-hamburg.de/handle/ediss/7230 (Letzter Zugriff 19.08.2024)

117 Pagliery, J. (2014). Why I Put World of Warcraft on My Resume. https://money.cnn.com/2014/06/19/technology/world-of-warcraft-resume/ (Letzter Zugriff 19.08.2024)

118 Schrage, M. (2014). Should You Put World of Warcraft on Your Resume? https://hbr.org/2014/08/should-you-put-world-of-warcraft-on-your-resume (Letzter Zugriff 19.08.2024)

119 Strachan, M. (2022). Game of Thrones: Conquest and State of Survival Players Say They Felt Addicted and Pressured To Spend. https://www.vice.com/en/article/g5vmyw/game-of-thrones-conquest-and-state-of-survival-players-say-they-felt-addicted-and-pressured-to-spend?utm_source=motherboard_twitter (Letzter Zugriff 19.08.2024)

120 Ash, J. / Gordon, R. / Mills, S. (2022). Between Gaming and Gambling – Children, Young People and Paid Reward Systems in Digital Games, S. 18. https://www.gaminggamblingresearch.org.uk/wp-content/uploads/2022/10/ESRC-BGG-Final-Report-2022.pdf (Letzter Zugriff 19.08.2024)

121 Bartelson, E. (2023). Newzoo's Latest Report: Almost 9 in 10 Gamers Spend Money on In-Game Items. https://premortem.games/2023/06/22/newzoos-latest-report-almost-9-in-10-gamers-spend-money-on-in-game-items/ (Letzter Zugriff 19.08.2024)

122 Knesovic, A. (2024). 200+ Mobile Games Statistics: Market & Revenue Report 2024. https://www.blog.udonis.co/mobile-marketing/mobile-games/mobile-gaming-statistics#h2-9 (Letzter Zugriff 19.08.2024)

123 Grguric, M. (2024). What Are Mobile Game Whales and How to Catch Them? https://www.blog.udonis.co/mobile-marketing/mobile-games/mobile-games-whales (Letzter Zugriff 19.08.2024)

124 Eine häufig verwendete Klassifizierung unterschiedlicher Spielertypen liefern die nach ihrem Entwickler Richard Bartle, einem britischen Professor für Computerspieldesign, benannten „Bartle-Typen". Gamer werden basierend auf ihrer jeweiligen Spielmotivation in vier Archetypen eingeteilt: Achiever (Leistungsorientierte), Explorer (Abenteurer), Socializer (Sozialorientierte) und Killer (Kämpfer). Die ursprünglich für Online Multiplayer Games entwickelte Typologie ist in Teilen auch auf andere Spielformate übertragbar. Mit dem Bartle-Test kannst du dein persönliches Profil ermitteln: https://matthewbarr.co.uk/bartle/de/ (Letzter Zugriff 19.08.2024)

125 Hierbei handelt es sich um rein fiktive Beispiele zur Verdeutlichung von Power-Ups.

126 Wer sich allgemein für das Thema Monetarisierung innovativer Produkte interessiert, dem empfehle ich Ramanujam, M. / Tacke, G. (2016). Monetizing Innovation: How Smart Companies Design the Product Around the Price. Hoboken, NJ: Wiley

127 Koubek, J. (2020). BLM-Schriftenreihe 109: Monetarisierung von Computerspielen. Baden-Baden: Nomos, S. 234.

128 Mummendey, H. D. (1995). Psychologie der Selbstdarstellung. 2. überarb. und erw. Aufl., Bern: Hogrefe, S. 111.

129 Hartmann, D. (2024). Es wird lächerlich – Cosmetic-Bundle in Diablo 4 kostet fast so viel wie das Spiel. https://www.gamestar.de/artikel/diablo-4-diskussion-shop-preise,3408651.html (Letzter Zugriff 19.08.2024)

130 Ash, J. / Gordon, R. / Mills, S. (2022). Between Gaming and Gambling – Children, Young People and Paid Reward Systems in Digital Games, S. 18. https://www.gaminggamblingresearch.org.uk/wp-content/uploads/2022/10/ESRC-BGG-Final-Report-2022.pdf (Letzter Zugriff 19.08.2024)

131 Bujňáková, E. (2023). Consumer Behaviour of League of Legends Players. Satakunta University of Applied Sciences. S. 38. https://www.theseus.fi/bitstream/handle/10024/812974/Bujnakova_Ema.pdf (Letzter Zugriff 19.08.2024)

132 Cialdini, R. B. (2021). Influence – The Psychology of Persuasion. New and Expanded. New York: Harper Collins, S. 241–290.

133 Worchel, S. / Lee, J. / Adewole, A. (1975). Effects of Supply and Demand on Ratings of Object Value. Journal of Personality and Social Psychology, 32/5, 1975, S. 906–914.

134 Cialdini, R. B. (2021). Influence – The Psychology of Persuasion. New and Expanded. New York: Harper Collins, S. 289 f.

135 Kastner, S. (2018). „Die Kunst der Verknappung – Kommunikationsstrategien für Luxusmarken" in: Pietzker, D. / Vaih-Baur, C. (Hrsg.). Luxus als Distinktionsstrategie – Kommunikation in der internationalen Luxus- und Fashionindustrie. Berlin: Springer Gabler, S. 233–250.

136 Die Seltenheitsgrade vieler Spiele sind nach diesem Schema unterteilt, aber es kann natürlich noch seltenere Skins geben wie bspw. in Fortnite die Kategorie „Mythic".

137 Cialdini, R. B. (2021). Influence – The Psychology of Persuasion. New and Expanded. New York: Harper Collins, S. 246.

138 So beispielsweise die legendären Brawler Chester, Kit, Cordelius u. a. am 22.03.2024: Kostenpunkt 699 Gems. Kauft man zu diesem Zweck ein Währungspaket mit 950 Gems für 59,99 Euro, so kosten einen die Brawler umgerechnet je 44,14 Euro.

139 Cialdini, R. B. (2021). Influence – The Psychology of Persuasion. New and Expanded. New York: Harper Collins, S. 250.

140 Kahneman, D. (2011). Schnelles Denken, langsames Denken. 16. Aufl., München: Siedler

141 Laros, M. (2024). Wieviele Skins gibt es in League of Legends? https://www.gamechampions.com/de/blog/anzahl-der-skins-in-league-of-legends (Letzter Zugriff 19.08.2024)

142 https://earlygame.com/de/fortnite/neue-geleakte-skins-chapter-5-season-3 (Letzter Zugriff 19.08.2024)

143 Zusätzlich zu solchen Cross-Promotions bieten die Games auch wechselnde Skins von angesagten Celebrities wie Nicki Minaj in Call of Duty, Eminem, Travis Scott und The Weeknd in Fortnite an.

144 Ahn, S. J., & Fox, J. (2016). Persuasive Avatars: Extending the Self Through New Media Advertising in: Brown, R. E. / Jones, V. K. / Wang, M. (Hrsg.). The New Advertising: Branding, Content, and Consumer Relationships in the Data-Driven Social Media Era. Santa Barbara, CA: Praeger.

145 Hanus, M. D. / Fox, J. (2017). Source Customization Reduces Psychological Reactance to a Persuasive Message Via User Control and Identity Perceptions. Journal of Interactive Advertising, 17, 1-12. https://www.tandfonline.com/doi/full/10.1080/15252019.2017.1287023 (Letzter Zugriff 20.08.2024)

146 Ahn, S. J., & Fox, J. (2016). Persuasive Avatars: Extending the Self Through New Media Advertising in: Brown, R. E. / Jones, V. K. / Wang, M. (Hrsg.). The New Advertising:

Branding, Content, and Consumer Relationships in the Data-Driven Social Media Era. Santa Barbara, CA: Praeger.

147 Simon, H. (2013). Preisheiten – Alles was Sie über Preise wissen müssen. Frankfurt a. M.: Campus, S. 106 f.

148 Für einen Kurzüberblick zum Thema „Kaufverhalten und Zahlungssysteme": Raab, G. / Reisch, L. A. (2021). „Kaufverhalten und Zahlungssysteme" in: Wirtz, M. A. (Hrsg.). Dorsch Lexikon für Psychologie. 20. überarb. Aufl., Bern: Hogrefe, S. 941 f.

149 In Anlehnung an Prof. Jochen Koubek verwende ich den Begriff „Echtgeld" im Sinne einer real existierenden Währung wie Euro in Abgrenzung zu In-Game-Währungen, die nur in Spielen verwendet werden können. Koubek, J. (2020). BLM-Schriftenreihe 109: Monetarisierung von Computerspielen. Baden-Baden: Nomos, S. 51

150 YouTube-Kanal Simsblog.de (2022). So teuer sind alle Sims 4-Packs zusammen. https://www.youtube.com/watch?v=HovLPgVwa9I Seit der im Video gezeigten Kalkulation (985 Euro) sind weitere DLCs dazugekommen. Die Kosten belaufen sich mittlerweile auf über 1000 Euro.

151 USK (2022). USK erweitert Prükriterien. https://usk.de/usk-pressemitteilung-umsetzung-neues-jugendschutzgesetz/ (Letzter Zugriff 19.08.2024)

152 Anderie, L. (2020). Quick Guide Game Hacking, Blockchain und Monetarisierung – Wie Sie mit künstlicher Intelligenz Wertschöpfung generieren. Berlin: Springer Gabler, S. 96.

153 Währungsrechner für diverse Spiele findet man beispielsweise auf https://www.techy.how/calculator und sponsorhunter.com (Letzter Zugriff 19.08.2024)

154 YouTube-Kanal von Josh Strife Hayes (2023). The Immoral Design of Diablo Immortal. https://www.youtube.com/watch?v=o17lBUZgjTs, ab ca. Min. 21:00. (Letzter Zugriff 19.08.2024)

155 Koubek, J. (2020). BLM-Schriftenreihe 109: Monetarisierung von Computerspielen. Baden-Baden: Nomos, S. 20.

156 Die Deutsche Automatenwirtschaft e.V (2024).: Gesetzliche Regelungen auf Bundes- und auf Landesebene. https://www.automatenwirtschaft.de/regeln-und-gesetze/ (Letzter Zugriff 19.08.2024)

157 Müller, D. (2022). Twitch-Streamer Trymacs verrät seine wahnsinnigen Pay2Win-Ausgaben – Kommt allein in FIFA auf 80.000 €. Mein MMO. https://mein-mmo.de/trymacs-verraet-seine-pay2win-ausgaben/ (Letzter Zugriff 19.08.2024)

158 YouTube-Kanal Die Crew (2023). Monte zeigt seine CS:GO Ausgaben. https://www.youtube.com/watch?v=DBjvantedys und Udowenko, A. (2023). MontanaBlack versenkt 100.000 Euro in Counter-Strike, spielt es aber kaum. InGame. https://www.ingame.de/news/eris-twitch-buxtehude-online-game-cs-go-marcel-montanablack-verzockt-100000-zr-92399955.html (Letzter Zugriff 19.08.2024)

159 Dirscherl, H.-C. (2016). Mann stiehlt Geld und gibt 1 Million Dollar für Spiel aus. PC Welt. https://www.pcwelt.de/article/1162817/mann-stiehlt-geld-und-gibt-1-million-dollar-fuer-spiel-aus.html (Letzter Zugriff 19.08.2024)

160 Salvoni, E. (2023). Girl, 13, Blows Her Chinese Family's Life Savings. Daily Mail UK. https://www.dailymail.co.uk/news/article-12178155/Girl-13-blows-Chinese-familys-life-savings-spending-64-000-mobile-phone-games.html (Letzter Zugriff 19.08.2024)

161 Simon, H., Fassnacht, M. (2016). Preismanagement: Strategie – Analyse – Entscheidung – Umsetzung. 4. Aufl., Berlin: Springer Gabler, S. 175 f.

162 Simon, H., Fassnacht, M. (2016). Preismanagement: Strategie – Analyse – Entscheidung – Umsetzung. 4. Aufl., Berlin: Springer Gabler, S. 176.

163 In Anlehnung an das Beispiel von Simon, H., Fassnacht, M. (2016). Preismanagement: Strategie – Analyse – Entscheidung – Umsetzung. 4. Aufl., Berlin: Springer Gabler, S. 176.

164 Simon, H. (2013). Preisheiten – Alles was Sie über Preise wissen müssen. Frankfurt a. M.: Campus, S. 79.

165 Simon, H., Fassnacht, M. (2016). Preismanagement: Strategie – Analyse – Entscheidung – Umsetzung. 4. Aufl., Berlin: Springer Gabler, S. 176.

166 Erhebungszeitraum: 19.09.2023. Die Daten im Detail: 72,75 % endeten auf eine 9. 27,25 % der Preise endeten auf eine Ziffer zwischen 0 und 8. Von den Preisen mit einer 9er-Endung, endeten 64,26 % auf eine 99 (Beispiel: 3,99 Euro), 35,74 % kombinierten eine vorangehende Dezimalzahl zwischen 0 und 8 mit der Endziffer 9 (Beispiel: 3,49 Euro).

167 Erhebungszeitraum: 14./15.09.2023. In Euro zu zahlende Angebote folgender 20 Mobile Games wurden ausgewertet: Among Us, Art of Conquest, Brawl Stars, Call of Duty: Mobile, Candy Crush Saga, Clash of Clans, Clash Royale, Coin Master, Diablo Immortal, Gardenscapes, My Talking Tom 2, Pokémon Go, Playerunknown's Battlegrounds Mobile (PUBG Mobile), Raid Shadow Legends, Royal Match, Rush Royale, SimCity BuildIt, Sonic Dash 2, Stumble Guys, Tile Master 3D.

168 Vergleiche zu Ankerpreisen bzw. zum Ankerpreiseffekt z. B. Simon, H., Fassnacht, M. (2016). Preismanagement: Strategie – Analyse – Entscheidung – Umsetzung. 4. Aufl., Berlin: Springer Gabler, S. 178 f.

169 Simon, H., Fassnacht, M. (2016). Preismanagement: Strategie – Analyse – Entscheidung – Umsetzung. 4. Aufl., Berlin: Springer Gabler, S. 179.

170 Das Beispiel inkl. Preisliste wurde im 2. Quartal 2023 dem Mobile Game Brawl Stars entnommen.

171 Bolton, L. E. / Alba, J. W. (2012). When Less is More: Consumer Aversion to Unused Utility. Journal of Consumer Psychology, Vol. 22, Issue 3, S. 369–383, https://doi.org/10.1016/j.jcps.2011.09.002, https://www.sciencedirect.com/science/article/pii/S1057740811000970, und Arkes, H. (1996). The Psychology of Waste. Journal of Behavioral Decision Making, 9, 1996, S. 213–224.

172 Bolton, L. E. / Alba, J. W. (2012). When Less is More: Consumer Aversion to Unused Utility. Journal of Consumer Psychology, Volume 22, Issue 3, 2012, S. 369–383, https://doi.org/10.1016/j.jcps.2011.09.002, https://www.sciencedirect.com/science/article/pii/S1057740811000970, und Arkes, H. (1996). The Psychology of Waste. Journal of Behavioral Decision Making, 9, 1996, S. 213–224.

173 Vergleich zum Zusammenhang zwischen Gaming und Verfallsaversion auch Madigan, J. (2011). The Psychology of Microsoft Points Part 1: Waste Aversion. https://www.psychologyofgames.com/2011/05/the-psychology-of-microsoft-points-part-1-waste-aversion/ (Letzter Zugriff 19.08.2024)

174 Boeck, J. (2023). Diablo 4: Battle Pass „ist eine Schande". https://www.ingame.de/news/diablo/diablo-4-battle-platin-fans-blizzard-irvine-pass-billigstes-item-shop-92420227.html (Letzter Zugriff 19.08.2024)

175 DelVecchio, D. / Krishnan, H. S. / Smith, D. C. (2007). Cents or Percent? The Effects of Promotion Framing on Price Expectations and Choice. Journal of Marketing, 71(3), S. 158–170.

176 Kroeber-Riel, W. / Gröppel-Klein, A. (2019). Konsumentenverhalten. 11. Aufl., München: Vahlen, S. 410.

177 Kahneman, D. (2011). Schnelles Denken, langsames Denken. 16. Aufl., München: Siedler, S. 425 f.

178 Kirchler, E. / Stark. J. (2021). „Sunk-Cost Effect" in: Wirtz, M.A. (Hrsg.). Dorsch Lexikon für Psychologie. 20. überarb. Aufl., Bern: Hogrefe, S. 1786.

179 Huai, Q. / Liu, X. / Peng, H. (2022). Processing Mode and Processing Contents in Older and Younger Adults' Sunk Cost Decision-Making. Current Psychology, 42, 26450–26463. https://doi.org/10.1007/s12144-022-03524-x und Strough, J. / Mehta, C. / McFall, J. / Schuller, K. (2008). Are Older Adults Less Subject to the Sunk-Cost Fallacy Than Younger Adults? Psychological Science, 19(7), 650–652. https://doi.org/10.1111/j.1467-9280.2008.02138.x

180 Online Gambling Market Size, Share & Trends Analysis Report By Type (Sports Betting, Casinos, Poker, Bingo), By Device (Desktop, Mobile), By Region (North America, Europe, APAC, Latin America, MEA), And Segment Forecasts, 2023 – 2030. https://www.grandviewresearch.com/industry-analysis/online-gambling-market (Letzter Zugriff 20.08.2024)

181 Zur Geschichte des Glücksspiels: Schwartz, D. G. (2013). Roll The Bones: The History of Gambling. Winchester Books, S. 4, 10, 188, 320 f.

182 unter dem Stichwort „Reels": https://en.wikipedia.org/wiki/Slot_machine#cite_note-20

183 Online Gambling Market Size, Share & Trends Analysis Report By Type (Sports Betting, Casinos, Poker, Bingo), By Device (Desktop, Mobile), By Region (North America, Europe, APAC, Latin America, MEA), And Segment Forecasts, 2023 – 2030. https://www.grandviewresearch.com/industry-analysis/online-gambling-market (Letzter Zugriff 20.08.2024)

184 Jung, S. / Kleinbrink, J. / Köster, B. (2017). Die Digitalisierung des Glücksspiels. Handelsblatt Research Institute, S. 11. https://research.handelsblatt.com/assets/uploads/Gl%C3%BCcksspiel%20Studie2_20171024.pdf (Letzter Zugriff 19.08.2024)

185 Bundesministerium des Innern und für Heimat (2020). Staatsvertrag zur Neuregulierung des Glücksspielwesens in Deutschland, Glücksspielstaatsvertrag 2021 – GlüStV 2021 vom 29.10.2020, § 2 u. § 3

186 USK (2020). Simuliertes Glücksspiel und Jugendschutz. https://usk.de/simuliertes-gluecksspiel-und-jugendschutz/ (Letzter Zugriff 19.08.2024)

187 Bundesministerium des Innern und für Heimat (2020). Staatsvertrag zur Neuregulierung des Glücksspielwesens in Deutschland, Glücksspielstaatsvertrag 2021 – GlüStV 2021 vom 29.10.2020

188 https://www.gesetze-im-internet.de/juschg/JuSchG.pdf (Letzter Zugriff 07.08.2023)

189 Fichtner, A. (2022). Social Gambling: Die Zukunft des Online-Glücksspiels? https://www.spielbank.com.de/social-gambling-die-zukunft-der-online-glucksspiels.html (Letzter Zugriff 19.08.2024)

190 Die App Coin Master wurde seit dem Launch in 2015 über 194 Mio. Mal heruntergeladen und erwirtschaftete allein bis Ende 2021 einen Umsatz von über zwei Mrd. US-Dollar.

Im Zentrum des Spiels steht ein Einarmiger Bandit, dessen Zufallsergebnisse das Spielgeschehen maßgeblich bestimmen. https://sensortower.com/blog/coin-master-revenue-two-billion / (Letzter Zugriff 01.06.2024).

191 Stand August 2024. Dieses Beispiel zeigt, dass die Richtlinien und Standards für Alterskennzeichnungen von Mobile Games zwischen Plattformen und offiziellen Institutionen stark variieren können. Eltern sollten daher immer die regionalen Empfehlungen (wie die der USK) beachten, um sicherzustellen, dass sie Spiele auswählen, die für das Alter ihrer Kinder geeignet sind. Weiterführende Informationen auf usk.de.

192 Griffiths, M. (2013). Social Gambling via Facebook: Further Observations and Concerns. Gaming Law Review and Economics. 17. S. 104–106. https://doi.org.10.1089/glre.2013.1726 und Global Gambling Market Report (2024). https://www.thebusinessresearchcompany.com/report/gambling-global-market-report (Letzter Zugriff 19.08.2024)

193 Çeven, S. (2021). Dank dieser Casino Design Tricks zocken Besucher mehr. https://www.casinoonline.de/blog/dank-dieser-casino-design-tricks-zocken-besucher-mehr/ (Letzter Zugriff 19.08.2024)

194 Çeven, S. (2021). Dank dieser Casino Design Tricks zocken Besucher mehr. https://www.casinoonline.de/blog/dank-dieser-casino-design-tricks-zocken-besucher-mehr/ (Letzter Zugriff 19.08.2024)

195 Bramley, S. / Gainsbury S. M. (2015). The Role of Auditory Features Within Slot-Themed Social Casino Games and Online Slot Machine Games. Journal of Gambling Studies, 04/2015, Springer Medizin, https://doi.org/10.1007/s10899-014-9506-x

196 Ash, J. / Gordon, R. / Mills, S. (2022). Between Gaming and Gambling – Children, Young People and Paid Reward Systems in Digital Games, S. 20. https://www.gaminggamblingresearch.org.uk/wp-content/uploads/2022/10/ESRC-BGG-Final-Report-2022.pdf (Letzter Zugriff 19.08.2024)

197 So beispielsweise der Scheißboxer-Day der Influencer Marvin Vlogt und Puuki, der 2019 in verschiedenen deutschen Städten stattfand. Bejubelt von Hunderten Kindern öffneten die Influencer live auf der Bühne zig Lootboxen des Spiels Brawl Stars, was auf einer Großleinwand übertragen wurde. Ich nahm in Köln teil und habe nie zuvor und nie danach so viele extrem laut kreischende Kinder – vornehmlich Jungen – auf einem Haufen gesehen. https://www.youtube.com/watch?v=sQBxofNVesQ&list=TLGG-Om3MLKOBYUxODA0MjAyMw&t=6s und https://huxleysneuewelt.com/shows/schei-boxer-day (Letzter Zugriff 19.08.2024)

198 Diesen Prozess habe ich im Kapitel „Faszination Gaming“ genauer beschrieben.

199 Taleb, N. N. (2021). Der Schwarze Schwan: Die Macht höchst unwahrscheinlicher Ereignisse. Kindle Ausgabe, München: Knaus, S. 182 f.

200 Kahneman, D. (2011). Schnelles Denken, langsames Denken. 16. Aufl., München: Siedler, S. 396 ff.

201 Schmidt, K. / Grotte, W. (2005). Pathologisches Glücksspiel. Wissenschaft sucht nach Erklärungen: Die Sucht, die ohne Stoff funktioniert. https://www.isa-guide.de/isa-spielerschutz/articles/8912.html (Letzter Zugriff 19.08.2024)

202 Zitate von Kapalka, J. und Tandon, O. in: Koubek, J. (2020). BLM-Schriftenreihe 109: Monetarisierung von Computerspielen. Baden-Baden: Nomos, S. 54 u. S. 271.

203 Langer, E. (1975) The Illusion of Control. Journal of Personality and Social Psychology, Vol. 32, Nr. 2, 1975, S. 311–328.

204 Langer, E. (1975). The Illusion of Control. Journal of Personality and Social Psychology, Vol. 32, Nr. 2, 1975, S. 311–328 und Davis, D. / Sundahl, I. / Lesbo, M. (2000). Illusory Personal Control as a Determinant of Bet Size and Type in Casino Craps Games. Journal of Personality and Social Psychology, 2000, Vol. 30, S. 1236.

205 Diverse Studien belegen sogar einen Zusammenhang zwischen Kontrollillusion und Spielsucht. Goodie, A. S. / Fortune, E. E. (2013). Measuring Cognitive Distortions in Pathological Gambling: Review and Meta-Analyses. *Psychology of Addictive Behaviours*, 2013, Vol. 27, S. 730–743.

206 Cowley, E. / Briley, D. A. / Farrell, C. (2015). How Do Gamblers Maintain an Illusion of Control? Journal of Business Research, Vol. 68, 2015, S. 2181–2188.

207 Reid, R. L. (1986). The Psychology of the Near Miss. Journal of Gambling Studies, Vol. 2, 1986, S. 32–39 verfügbar auf: https://www.stat.berkeley.edu/~aldous/157/Papers/near_miss.pdf sowie Côté, D. / Caron, A. / Aubert, J. / Desrochers, V. / Ladouceur, R. (2003). Near Wins Prolong Gambling on a Video Lottery Terminal. Journal of Gambling Studies, Vol. 19, S. 433–438, und Clark, L. / Lawrence, A. / Astley-Jones, F. / Gray, N. (2009). Gambling near-misses enhance motivation to gamble and recruit win-related brain circuitry. Neuron, 61(3), S. 481-490.

208 Koubek, J. (2020). BLM-Schriftenreihe 109: Monetarisierung von Computerspielen. Baden-Baden: Nomos, S. 69 und S. 139 f., und Ash, J. / Gordon, R. / Mills, S. (2022): Between Gaming and Gambling – Children, Young People and Paid Reward Systems in Digital Games, S. 20. https://www.gaminggamblingresearch.org.uk/wp-content/uploads/2022/10/ESRC-BGG-Final-Report-2022.pdf (Letzter Zugriff 19.08.2024)

209 Koubek, J. (2020). BLM-Schriftenreihe 109: Monetarisierung von Computerspielen. Baden-Baden: Nomos, S. 51 f.

210 Zum Beispiel Epic Games aus Rocket League und Supercell aus Brawl Stars. Allerdings ersetzte Brawl Stars die Mechanik durch „Starr Drops", die hinsichtlich ihrer Spielmechanik mit Lootboxen vergleichbar sind.

211 Zendle, D. / Meyer, R. / Cairns, P. / Waters, S. / Ballou, N. (2020). The Prevalence of Loot Boxes in Mobile and Desktop Games. Addiction. Advance online publication, Vol. 115, Issue 9, Society for the Study of Addiction, S. 1768–1772, https://doi.org/10.1111/add.14973

212 https://www.juniperresearch.com/press/video-game-loot-boxes-to-generate-over-$20-billion (Letzter Zugriff 14.08.2024)

213 Niemeyer, K. (2024). ‚Counter-Strike' Raked in Nearly $1 Billion in 2023 from Randomized Loot Boxes. https://www.businessinsider.com/counter-strike-1-billion-loot-boxes-gambling-esports-video-games-2024-1 (Letzter Zugriff 19.08.2024)

214 Xiao, L. Y. / Henderson, L. L. / Newall, P. W. (2021). What Are the Odds? Lower Compliance with Western Loot Box Probability Disclosure Industry Self-Regulation than Chinese Legal Regulation, S. 39 f. https://www.researchgate.net/figure/Game-S14s-Art-of-Conquest-in-game-loot-box-probability-disclosure-was-accessed-by_fig1_354980586 (Letzter Zugriff 20.08.2024)

215 Jan Böhmermann in „Magazin Royale" vom 16.09.2022, Min. 12:42. https://www.youtube.com/watch?v=U3oNkqHlbVg (Letzter Zugriff 19.08.2024)

216 Ash, J. / Gordon, R. / Mills, S. (2022). Between Gaming and Gambling – Children, Young People and Paid Reward Systems in Digital Games, S. 15. https://www.gaminggamblingresearch.org.uk/wp-content/uploads/2022/10/ESRC-BGG-Final-Report-2022.pdf (Letzter Zugriff 19.08.2024)

217 Mowen, J. C. / Fang, X. / Scott, K. (2009). A Hierarchical Model Approach for Identifying the Trait Antecedents of General Gambling Propensity and of Four Gambling-Related Genres. Journal of Business Research, 62(12), 2009, S. 1262–1268. https://doi.org/10.1016/j.jbusres.2008.11.007

218 https://www.gamedeveloper.com/business/loot-box-design-2-0-complying-with-chinas-new-rules

219 Rentia, G.-G. / Karaseva, A. (2022). What Aspects of Gacha Games Keeps the Player Engaged?, S.9. http://uu.diva-portal.org/smash/get/diva2:1665022/FULLTEXT01.pdf (Letzter Zugriff 19.08.2024)

220 Leitsch, A. (2020): Genshin Impact garantiert Charaktere im Gacha-System, doch selbst die kosten bis zu 440 €. https://mein-mmo.de/genshin-impact-garantiert-charaktere-kosten/ (Letzter Zugriff 19.08.2024)

221 Vergleiche z. B. das Patent von Kabam, Registration ID Patent W0201579450A1 (Kabam) in der Datenbank Google Patents. Aus: King, D. L. / Delfabbro, P. H. / Gainsbury, S. M. et. al. (2019). Unfair Play? Video Games as Exploitative Monetized Services: An Examination of Game Patents from a Consumer Protection Perspective. Computers in Human Behavior, Vol. 101, 2019, S. 135 u. 140.

222 Ein ähnliches Beispiel findet sich in Koubek, J. (2020). BLM-Schriftenreihe 109: Monetarisierung von Computerspielen. Baden-Baden: Nomos, S. 243.

223 YouTube-Kanal von Josh Strife Hayes (2023). The Immoral Design of Diablo Immortal. https://www.youtube.com/watch?v=o17lBUZgjTs, ab ca. Min. 29:00. (Letzter Zugriff 19.08.2024)

224 Kuhnke, O. (2022). Twitch Streamer Spends $6000 On Diablo Immortal, Gets No 5-Star Gems. https://www.gamebyte.com/quin69-diablo-immortal-gems/ (Letzter Zugriff 19.08.2024)

225 Welte, J. / Wieczorek, W. / Barnes, G. / Tidwell, M.-C. / Hoffman, J. (2004). The Relationship of Ecological and Geographic Factors to Gambling Behavior and Pathology. Journal of Gambling Studies, Vol. 20, S. 405–423, https://doi.org/10.1007/s10899-004-4582-y

226 Es handelte sich hierbei um extrem seltene Exemplare eines Kalaschnikow-Automatikgewehrs und eines Karambit-Messers. Janssen, H. (2023). CS:GO: Zwei Skins für 500.000 US-Dollar verkauft – Item-Markt erreicht neue Höhen. https://www.ingame.de/news/csgo-skin-500000-us-dollar-valve-ak47-karambit-messer-case-hardened-counter-strike-2-hamburg-92215686.html (Letzter Zugriff 19.08.2024)

227 Koubek, J. (2020). BLM-Schriftenreihe 109: Monetarisierung von Computerspielen. Baden-Baden: Nomos, S. 250.

228 Friske, M. (2023). Steam: Spieler investieren angeblich mehr als 100 Millionen Euro in Lootboxen in CS:GO – Was steckt dahinter? https://mein-mmo.de/steam-spieler-investieren-angeblich-mehr-als-100-millionen-euro-in-lootboxen/ (Letzter Zugriff 19.08.2024)

229 Wardle, H. / Zendle, D. (2021). Lootboxes, Gambling and Problem Gambling Among Young People: Results from a Cross-Sectional Online Survey. Cyberpsychology, Behavior and

Social Networking, 24 (4), S. 267–274, https://doi.org/10.1089/cyber.2020.0299 und DAK Gesundheit (2019). Geld für Games – Wenn Computerspiel zum Glücksspiel wird. https://www.dak.de/dak/download/folien-2103394.pdf (Letzter Zugriff 19.08.2024)

230 USK (2022). In-Game-Käufe, Chats und Lootboxen: USK erweitert Prüfkriterien. https://usk.de/usk-pressemitteilung-umsetzung-neues-jugendschutzgesetz/ (Letzter Zugriff 14.08.2024)

231 Zum Datenvolumen von Gameplay-Daten ist verhältnismäßig wenig bekannt. Dieses ist abhängig von der Komplexität des Spiels, der Spieleranzahl und der kumulierten Spieldauer. Schätzungen im Internet sprechen von Hunderten Gigabytes bis zu einem Terabyte pro Tag in AAA-Titeln. Ich gehe davon aus, dass das Datenvolumen zumindest in erfolgreichen Multiplayer-Titeln wesentlich höher sein muss. Beispiele für Schätzungen: DataTrained (2021). The Use of Big Data in Gaming Industry 21st Century, https://datatrained.com/post/the-use-of-big-data-in-the-video-game-industry und Hodapp, E. (2015). We own you – Confessions of an Anonymous Free to Play Producer, https://toucharcade.com/2015/09/16/we-own-you-confessions-of-a-free-to-play-producer/ (Letzter Zugriff 19.08.2024)

232 Für diese Rechnung orientiere ich mich an der Untergrenze der durchschnittlichen Lesegeschwindigkeit von 200 Worten pro Minute, da die Texte verhältnismäßig kompliziert sind. https://de.wikipedia.org/wiki/Lesegeschwindigkeit (Letzter Zugriff 19.08.2024)

233 Surfshark (2023). Game on! Which mobile gaming apps are the most data-hungry? https://surfshark.com/research/study/gaming-apps-data-privacy (Letzter Zugriff 19.08.2024)

234 Aufgrund großer Überschneidungen in puncto Beliebtheit zwischen den Ländern belief sich die Anzahl auf insgesamt 510 unterschiedliche Apps.

235 Kroker, M. (2020). Wie viel persönliche Daten wert sind: Markt für Datenhandel weltweit 200 Milliarden Dollar. https://blog.wiwo.de/look-at-it/2020/11/11/wie-viel-persoenliche-daten-wert-sind-markt-fuer-datenhandel-weltweit-200-milliarden-dollar/ (Letzter Zugriff 19.08.2024)

236 Seif El-Nasr, M. / Drachen, A. / Canossa, A. (Hrsg.) (2013). Game Analytics – Maximizing the Value of Player Data, London: Springer

237 King, D. L. / Delfabbro, P. H. / Gainsbury, S. M. et al. (2019). Unfair Play? Video Games as Exploitative Monetized Services: An Examination of Game Patents from a Consumer Protection Perspective. Computers in Human Behavior, Vol. 101, 2019, S. 139.

238 King, D. L. / Delfabbro, P. H. / Gainsbury, S. M. et al. (2019). Unfair Play? Video Games as Exploitative Monetized Services: An Examination of Game Patents from a Consumer Protection Perspective. Computers in Human Behavior, Vol. 101, 2019, S. 131–143.

239 Batchelor, J. (2023). Microsoft, EA, Activision, Ubisoft and Epic Face Game Addiction Lawsuit. https://www.gamesindustry.biz/microsoft-ea-activision-ubisoft-and-epic-face-game-addiction-lawsuit und Rotter, B. (2023). Computerspielsucht im Fokus: Eltern erheben Klage gegen Gaming-Giganten. https://t3n.de/news/eltern-klage-gaming-sucht-1588335/ (Letzter Zugriff 19.08.2024)

240 Sifa, R. / Yawar, R. / Ramamurthy, R. / Bauckhage, C. et al. (2020). Matrix- and Tensor Factorization for Game Content Recommendation. Künstliche Intelligenz, 34, S. 57–67, https://doi.org/10.1007/s13218-019-00620-2

241 Wer sich für diesen Aspekt mit Blick auf Soziale Medien interessiert, dem empfehle ich: Montag, C. (2021). Du gehörst uns! Die psychologischen Strategien von Facebook,

TikTok, Snapchat & Co. – und wie wir uns vor der großen Manipulation schützen. München: Blessing Verlag

242 Vergleiche zum Cambridge Analytica Skandal z. B. https://de.wikipedia.org/wiki/Cambridge_Analytica (Letzter Zugriff 19.08.2024)

243 King, D. L. / Delfabbro, P. H. / Gainsbury, S. M. et al. (2019). Unfair Play? Video Games as Exploitative Monetized Services: An Examination of Game Patents from a Consumer Protection Perspective. Computers in Human Behavior, Vol. 101, 2019, S. 131–143.

244 Stand 2024

245 King, D. L. / Delfabbro, P. H. / Gainsbury, S. M. et al. (2019). Unfair Play? Video Games as Exploitative Monetized Services: An Examination of Game Patents from a Consumer Protection Perspective. Computers in Human Behavior, Vol. 101, S. 134–139.

246 Koubek, J. (2020). BLM-Schriftenreihe 109: Monetarisierung von Computerspielen. Baden-Baden: Nomos, S. 244.

247 Dieser Textauszug entstammt den Nutzungsbedingungen von Dream Games (Stand: 07.03.2024). „Nutzungsbedingungen, 2.1 Personenbezogene Daten, die direkt von Ihnen erhoben werden". https://dreamgames.com/de/privacy/ (Letzter Zugriff 07.03.2024)

248 Manager Magazin Online (22.12.2022). Fortnite-Entwickler zahlt eine halbe Milliarde Dollar Strafe. https://www.manager-magazin.de/unternehmen/tech/epic-games-fortnite-entwickler-zahlt-520-millionen-us-dollar-strafe-a-41cd56f9-bbde-4e8b-a49f-fa932774bb7f (Letzter Zugriff 19.08.2024)

249 Dieses Beispiel entstammt einem Interview mit Nick Yee, das in der Podcast-Reihe „Psychology of Games" veröffentlicht wurde. Psychology of Games, Episode 002. Big Data and Becoming a Video Game Psychologist. Spotify, Min. 40:00.

250 Business Intelligence Tools (oft als BI-Tools abgekürzt) sind Softwareanwendungen, mit denen Daten gesammelt, analysiert und in nutzbare Informationen übersetzt werden können.

251 Anderie, L. (2023). Games Industry Management. 2. Aufl., Berlin: Springer Gabler, S. 351.

252 Apple Support (2023). Informationen zu den orangefarbenen und grünen Statusanzeigen in der Statusleiste deines iPhones. https://support.apple.com/de-de/108331 (Letzter Zugriff 19.08.2024)

253 Google Support (2024). Prüfen, ob die Android-Kamera oder das Mikrofon ein- oder ausgeschaltet ist. https://support.google.com/android/answer/13532937 (Letzter Zugriff 19.08.2024)

254 Koch, T. (2018). Nie war die Botschaft so wertlos wie heute. WirtschaftsWoche Online. https://www.wiwo.de/unternehmen/dienstleister/werbesprech-nie-war-die-botschaft-so-wertlos-wie-heute/23163046.html (Letzter Zugriff 19.08.2024)

255 Reuters (2008). Obama Buys First Video Game Campaign Ads. https://www.reuters.com/article/us-usa-politics-videogames-idUSTRE49EAGL20081017 (Letzter Zugriff 20.08.2024)

256 Focus Online (2023). Finnische Zeitung versteckt Kriegs-Nachrichten für Russen in Counter-Strike. https://www.focus.de/digital/zensur-umgangen-finnische-zeitung-versteckt-kriegs-nachrichten-fuer-russen-in-counter-strike_id_192888954.html (Letzter Zugriff 19.08.2024)

257 Activision Blizzard Media (2022). Discovering the Effectiveness of In-Game Advertising. https://www.activisionblizzardmedia.com/insights/blogs/2022/7/the-efficacy-of-in-game-advertising-in-mobile---video-games und IAB UK Gaming Group (2021). Guide to Gaming – An Introduction to the World of Gaming. https://www.iabuk.com/sites/default/files/public_files/IAB-Gaming-Guide_0.pdf (Letzter Zugriff 19.08.2024)

258 Koubek, J. (2020). BLM-Schriftenreihe 109: Monetarisierung von Computerspielen. Baden-Baden: Nomos, S. 186.

259 Anderie, L. (2023). Games Industry Management – Gründung, Strategie und Leadership – Theoretische Grundlagen. 2. Aufl., Berlin: Springer Gabler, S. 342.

260 Moiseyev, D. (2023). 10 Obvious Product Placements in Gaming. https://www.thegamer.com/video-game-product-placement-examples/#cup-noodles---final-fantasy-15 und Lowry, J. (2022). Fifteen Genius Examples of In-Game Advertising. https://medium.com/@joelowery_44900/15-genius-examples-of-in-game-advertising-8335c443d08d (Letzter Zugriff 19.08.2024)

261 Wimmer, J. (2013). Massenphänomen Computerspiele. Soziale, kulturelle und wirtschaftliche Aspekte. Konstanz: UVK, 145 f.

262 Ingendahl, M. / Vogel, T. / Maedche, A. / Wänke, M. (2022). Brand Placements in Video Games: How Local In-Game Experiences Influence Brand Attitudes. Psychology & Marketing, Volume 40, Issue 2, 2023, S. 274–287, https://doi.org/10.1002/mar.21770

263 Onder, C. (2021). Alan Wake Remastered Will Remove Original Game's Product Placement. https://global.techradar.com/de-de/news/alan-wake-remastered-verzichtet-auf-sein-kultiges-product-placement (Letzter Zugriff 19.08.2024)

264 Ein Video, das durch den Bereich führt, findet man hier: https://www.youtube.com/watch?v=n89lZTTxH6Q (Letzter Zugriff 20.08.2024)

265 YouTube-Kanal PUBG MOBILE (2021). Experience TESLA in PUB MOBILE. https://www.youtube.com/watch?v=dkHUtxk_vgM (Letzter Zugriff 20.08.2024)

266 Den Sound kann man z. B. hier hören: Hot Jukes (2021). Driving a Tesla in PUBG New State, Silent and Deadly. https://www.youtube.com/watch?v=5UgBhwQxSSM (Letzter Zugriff 20.08.2024)

267 Hussain, M. / Islam, T. / Rehman, S. U. (2022). What You See Is What You Get: Assessing In-Game Advertising Effectiveness. Journal of Research in Interactive Marketing, Vol. 17, No. 4, 2022, S. 527–543, https://doi.org/10.1108/JRIM-03-2022-0087

268 Hang. H. / Nairn, A. (2016). „Defend the Indefensible: Helping Children Cope with the Implicit Influence of Online Game Advertising" in: De Pelsmacker, P. (Hrsg.). Advertising in New Formats and Media. Bingley: Emerald Group Publishing Limited, S. 379–395, https://doi.org/10.1108/978-1-78560-313-620151018 und Berlo van, Z. M. C. / Reijmersdal van, E. A. / Waiguny, M. K. J. (2022). Twenty Years of Research on Gamified Advertising: A Systematic Overview of Theories and Variables. International Journal of Advertising, Vol. 42, no. 1, 2022, S. 176, https://doi/10.1080/02650487.2022.2143098

269 Ashley, J. (2023). Every Fortnite Crossover Ever – The Full List. https://www.esports.net/news/fortnite/every-fortnite-crossover-ever/ (Letzter Zugriff 20.08.2024)

270 Esports.com (2021): Balenciaga trifft Fortnite. https://www.esports.com/de/balenciaga-trifft-fortnite-dieses-shirt-kostet-1-000-euro-275217 (Letzter Zugriff 20.08.2024)

271 Parthsarthy, S. (2022). Balenciaga Fortnite Skins Never Coming Back – Here's Why. https://www.sportskeeda.com/fortnite/news-balenciaga-fortnite-skins-never-coming-back (Letzter Zugriff 20.08.2024)

272 IAB UK Gaming Group (2021). Guide to Gaming – An Introduction to the World of Gaming. S. 12 f. https://www.iabuk.com/sites/default/files/public_files/IAB-Gaming-Guide_0.pdf (Letzter Zugriff 20.08.2024)

273 Richtlinien von Google: https://support.google.com/googleplay/android-developer/answer/9857753, für Richtlinien von Apple: https://searchads.apple.com/de/policies (Letzter Zugriff 20.08.2024)

274 Medienstaatsvertrag in der Fassung des Dritten Staatsvertrags zur Änderung medienrechtlicher Staatsverträge (2023). https://www.die-medienanstalten.de/fileadmin/user_upload/Rechtsgrundlagen/Gesetze_Staatsvertraege/Medienstaatsvertrag_MStV.pdf (Letzter Zugriff 20.08.2024)

275 Stand Frühjahr 2024. Ein Beispiel sind die Werbespots für die App Bingo Arena – Win Real Money!, die z. B. am 06.03.2024 im Spiel Mein Tom 2 als belohnte Werbung ausgespielt wurden.

276 IAB UK Gaming Group (2021). Guide to Gaming – An Introduction to the World of Gaming. S. 15. https://www.iabuk.com/sites/default/files/public_files/IAB-Gaming-Guide_0.pdf (Letzter Zugriff 20.08.2024)

277 Nuruljihad, A. (2020). Rewarded Video Ads Are the Win-Win of Mobile Game Advertising. https://www.globalgamesforum.com/features/rewarded-video-ads-are-the-win-win-of-mobile-game-advertising (Letzter Zugriff 20.08.2024)

278 Werbung, die so platziert wird, findet sich bspw. im Spiel Candy Crush Saga.

279 MobileFreeToPlay (2024). The Free to Play Game Design Bible: Making Money with Ads. https://mobilefreetoplay.com/bible/making-money-ads/ (Letzter Zugriff 20.08.2024)

280 Für detaillierte Informationen zu Interstitial Ads s. z. B. Google AdMob (2020). Leitfaden für Interstitial-Anzeigen. https://support.google.com/admob/answer/6066980?hl=de (Letzter Zugriff 20.08.2024)

281 Google (2024). Unzulässige Implementierung von Interstitial-Anzeigen. https://support.google.com/admanager/answer/6309309?hl=de und Apple (2024). App Store Review Guidelines. https://developer.apple.com/app-store/review/guidelines (Letzter Zugriff 20.08.2024)

282 Franke, A. (2022). Dark Patterns: Manipulatives UX-Design. https://www.40komma6.de/blog/dark-patterns-manipulatives-ux-design (Letzter Zugriff 20.08.2024)

283 Mit Einführung der „Google Interstital Policy" in 2022 wurde hier bereits ein Schritt in die richtige Richtung gegangen und die Anzeigendauer bei unterbrechender Werbung auf maximal 15 Sekunden limitiert. Nicht-schließbare Interstitials dürfen, sofern sie nicht unterbrechend wirken, darüber hinaus gehen. Vgl. Jankovic, B. (2022). How Will The New Google Interstitial Policy Affect Developers? https://www.gamebizconsulting.com/blog/google-interstitial-policy-change (Letzter Zugriff 20.08.2024)

284 Franke, A. (2022). Dark Patterns: Manipulatives UX-Design. https://www.40komma6.de/blog/dark-patterns-manipulatives-ux-design, und Dark Pattern Detection Project. Arten und Beispiele. https://dapde.de/de/dark-patterns/arten-und-beispiele (Letzter Zugriff 20.08.2024)

285 Dieses Beispiel stammt aus dem Spiel Tile Master 3D (Zeitraum August 2023). Die Kosten des „Remove Ads Pack“ beliefen sich als einmalige Gebühr auf 7,99 Euro. Die Preise für Werbefrei-Angebote variieren stark zwischen den Spielen und sind teilweise auch als monatliche, selbstverlängernde Abos erhältlich.

286 https://www.apple.com/de/apple-arcade/ und https://play.google/play-pass/

287 Kaur, T. (2023). Mobile Game Advertisements Need To Chill Out. https://www.thegamer.com/mobile-game-advertisements-chill-out-exploitative-regulation-misogyny/ (Letzter Zugriff 20.08.2024)

288 BBC Online (2020). Homescapes and Gardenscapes Ads Banned as Misleading. https://www.bbc.com/news/technology-54509970 (Letzter Zugriff 20.08.2024)

289 Stand Januar 2024

290 YouTube-Kanal Ultralativ (2022). Warum Mobile Games-Werbung so schlecht ist. https://www.youtube.com/watch?v=DY9COv7upgM (Letzter Zugriff 20.08.2024)

291 IAB UK Gaming Group (2021). Guide to Gaming – An Introduction to the World of Gaming. S. 17–21. https://www.iabuk.com/sites/default/files/public_files/IAB-Gaming-Guide_0.pdf (Letzter Zugriff 20.08.2024)

292 Fun Fact: Bereits im 18. Jahrhundert übernahmen solche Funktionen königliche Familien, um den Vertrieb von Produkten wie hochwertigem Porzellan anzukurbeln. https://en.wikipedia.org/wiki/Celebrity_branding (Letzter Zugriff 20.08.2024)

293 Lauper, P. (2011). Zur Wirksamkeit von Testimonial Endorsed Cause-Related Marketing, Wiesbaden: Gabler, S. 56 f.

294 Deges, F. (2018): „Influencer-Marketing“ in: Gabler Wirtschaftslexikon Online. https://wirtschaftslexikon.gabler.de/definition/influencer-marketing-100361/version-340186 (Letzter Zugriff 20.08.2024)

295 Statista (2023). Anteil der Follower von Influencern nach Altersgruppen in Deutschland 2022. https://de.statista.com/statistik/daten/studie/1308447/umfrage/anteil-der-follower-von-influencern-nach-altersgruppen (Letzter Zugriff 20.08.2024)

296 Kissler, A. (2023). Strom sparen, Torf vermeiden: Die deutsche Regierung gibt über eine halbe Milliarde Euro für Werbung und Information aus – auch an Influencer. Neue Zürcher Zeitung. https://www.nzz.ch/international/influencer-und-pr-bundesregierung-gab-halbe-milliarde-euro-aus-ld.1737871 (Letzter Zugriff 20.08.2024)

297 Daten entsprechend der YouTube-Kanäle von Paluten, Gronkh und dem Twitch-Kanal MontanaBlack88 (Letzter Zugriff 20.08.2024). Für eine Einordnung im Zeitverlauf s. auch Statista (2024). Gaming Top 10 der beliebtesten Gaming-Influencer bei YouTube nach Abonnenten 2023. https://de.statista.com/statistik/daten/studie/1007315/umfrage/gaming-influencer-bei-youtube-nach-anzahl-der-abonnenten/ und Statista (2024). Erfolgreichste Streamer nach Anzahl der Follower in Deutschland. https://de.statista.com/statistik/daten/studie/1367808/umfrage/twitch-streamer-nach-anzahl-der-follower-in-deutschland/ (Letzter Zugriff 20.08.2024)

298 YouTube-Kanal von MontanaBlack (2023). Oma fährt 640 PS Lamborghini. https://www.youtube.com/watch?v=83RS22s7zR0 (Letzter Zugriff 20.08.2024)

299 YouGov (2021). Game-Changers: The Power of Gaming-Influencers. Part 3: The Value of Gaming Influencers to Marketers. https://commercial.yougov.com/rs/464-VHH-988/images/YouGov-Global-Game-Changers-2021-PART%203.pdf, S. 3. (Letzter Zugriff 20.08.2024)

300 Horton, D. / Wohl, R. (1956). Mass Communication and Para-Social Interaction. Psychiatry, 19:3, S. 215–229, https://doi.org/10.1080/00332747.1956.11023049 und Närvänen, E. / Kirvesmies, T. / Kahri, E. (2020). „Parasocial Relationships of Generation Z Consumers with Social Media Influencers" in: Yesiloglu, S. / Costello, J. (Hrsg.). Influencer Marketing: Building Brand Communities and Engagement. London: Routledge, S. 124 f.

301 Anderie, L. (Hrsg.) (2022). Frankfurt Games Studies III - Wertschöpfung, Monetarisierung und Spielerbindung. Forschungsergebnisse III - Wirtschaftsinformatik Games / E-Commerce. Frankfurt University of Applied Sciences, S. 35.

302 YouGov (2021). Game-Changers: The Power of Gaming-Influencers. Part 3: The Value of Gaming Influencers to Marketers. https://commercial.yougov.com/rs/464-VHH-988/images/YouGov-Global-Game-Changers-2021-PART%203.pdf, S. 7.

303 YouGov (2021). Game-Changers: The Power of Gaming-Influencers. Part 3: The Value of Gaming Influencers to Marketers. https://commercial.yougov.com/rs/464-VHH-988/images/YouGov-Global-Game-Changers-2021-PART%203.pdf, S. 16–19.

304 Die Trennung von werblichen und redaktionellen Inhalten ist im Medienstaatsvertrag MStV § 22 Absatz 1, § 74 i.V.m. § 8 Abs. 3 geregelt.

305 Levi, E. / Ozcelik, A. B. (2020). „Choosing the Right Influencer" in: Yesiloglu, S. / Costello, J. (Hrsg.). Influencer Marketing: Building Brand Communities and Engagement. London: Routledge, S. 88.

306 Närvänen, E. / Kirvesmies, T. / Kahri, E. (2020). „Parasocial Relationships of Generation Z Consumers with Social Media Influencers" in: Yesiloglu, S. / Costello, J. (Hrsg.). Influen*cer Marketing: Building Brand Communities and Engagement. London: Routledge, S. 124 f.*